Bert Hellinger

Aus der Reihe: Ordnungen des Erfolgs

Erfolge im Leben Erfolge im Beruf

Wie beide gemeinsam gelingen

10 9 8 7 6 5 4 3 2
2014 2013 2012 2011

Published by
Hellinger
PUBLICATIONS

Sonnleitstr. 37
83404 Bischofswiesen
Germany
Postfach 2120
83462 Berchtesgaden
www.hellinger.com

Porträt: Riccardo Desiderio
ww.riccardodesiderio.com

Cover /
Satz & Gestaltung:
Paper@Screen
Anna W. Moderegger
www.paperscreen.tv

© Copyright 2011

All rights reserved.
No part of this book may be reproduced by any process whatsoever without the written permission of the copyright owner.

ISBN 978-3-00-029322-1

BERT HELLINGER

AUS DER REIHE: ORDNUNGEN DES ERFOLGS

ERFOLGE IM LEBEN ERFOLGE IM BERUF

WIE BEIDE GEMEINSAM GELINGEN

INHALT

Einführung 7

Widmung 9

Unsere Lebenserfolge . . 10

Die Geburt 10

Die Mutter finden und
nehmen 11

Die Hinbewegung
zur Mutter 12

Die Folgen einer unterbroche-
nen Hinbewegung 13

Die Hinbewegung
zum Erfolg 15

Die Zuwendung. 16

INHALT

Der Platz 18

Die Umstellung 20

Fehler 22

Der Verlust 24

Vergeblich 27

Der Treffpunkt 29

Vorurteile 33

Soeben 38

Vorurteile des Gewissens 41

Der Reichtum 43
Das Nicht................45
Schuld und Unschuld......48
Die Sühne................50
Mein Gott................51
Sühne als Ausgleich.......52
Der Gott des Gewissens....53
Der andere Gott..........54
Die Bewegungen des Geistes 55
Der entscheidende Schritt..57
„Ich an deiner Stelle"......59
Ich folge dir nach.........61
„Ich hier, du dort".........63

Gesammelt 65

Eile mit Weile 67

Gewinnen durch Lassen 69

INHALT

Wunder 71

Unverhofft 73

Das Licht 74

Besitzerstolz 76

Jetzt 78

Verluste 80

Die Fülle 81

Offen 83

Die Mitarbeit 85

Der Kreis 86

Leitfaden durch die Veröffentlichungen von Bert Hellinger 89

Adressen 133

Biographie 134

Einführung

Oft unterscheiden wir zwischen den Bereichen Familie, persönlicher Erfüllung und persönlichem Glück in Beziehungen auf der einen Seite, und den Bereichen Arbeit und Beruf auf der anderen, als könnten und dürften wir sie trennen. Dennoch folgen sie den gleichen Gesetzen von Erfolg und Misserfolg, den gleichen Gesetzen von Glück und Unglück, den gleichen Gesetzen und Ordnungen im Leben und in der Liebe.

Das Familien-Stellen hat sich am Anfang vor allem mit den persönlichen Beziehungen befasst. Es hat die grundlegenden Ordnungen der Liebe ans Licht gebracht, nach denen unsere Beziehungen gelingen oder scheitern. Als ich anfing, den Gesetzen von Erfolg und Misserfolg in Arbeit und Beruf nachzuspüren und zunehmend in Unternehmen und Organisationen, kam ans Licht, dass diese den gleichen Ordnungen folgen.

In diesem Buch gehe ich diesen Zusammenhängen nach. Es führt in die innere Haltung ein, die unsere Beziehungen und unser Leben gelingen lassen, und nimmt Sie in die Bewegungen mit, die nachträglich gelingen lassen, was durch die Umstände, die unser Leben früh einschränkten und in der Folge tiefgreifende Wirkungen auf den Erfolg in unseren persönlichen Beziehungen hatten und zugleich in unserer Arbeit und unserem Beruf.

Bei der Anwendung des Familien-Stellens auf den Bereich von Unternehmen und Beruf hat sich gezeigt, dass sie in der jetzigen Form erst möglich wurde, als ich über weiterführende Einsichten

Bereiche erschließen konnte, die vorher unzugänglich waren. Sie führen weit über die Grenzen des Gewissens und die von ihm abhängigen Grenzen des Erfolgs hinaus.

Wenn Sie Genaueres über die Anwendung dieser Einsichten auf Unternehmen und Beruf und die sich aus ihnen ergebenden Vorgehensweisen wissen wollen, finden Sie diese in meinem nächsten Buch beschrieben: *Erfolgsgeschichten in Unternehmen und im Beruf.* Es beschreibt die Anwendung dieser Einsichten in Unternehmen und im Beruf an konkreten Beispielen aus vielen Ländern.

Diese Beispiele werden uns eher verständlich und einsichtig, wenn wir die Grundordnungen des Erfolgs, wie ich sie in diesem Buch beschreibe, erfasst haben und sie verinnerlichen konnten.

Ihnen wünsche ich mit diesem Buch, und vielleicht auch mit dem nächsten, den großen Erfolg, das oder volle Glück im Leben und in Ihrem Beruf, was immer Sie im Einzelnen im Dienst des Lebens erreichen wollen und tun.

Dieses Buch ist auch als Hörbuch erhältlich (4CDs) bei Hellinger Publications oder als download über das Internet unter... *www.hellinger-shop.com*

Eine Hörprobe kann unter folgender URL heruntergeladen werden: *www.hellinger.com/hoerprobe.zip*

Widmung

*für Albert Hellinger 1896–1967
als ein Denkmal*

Mit diesem Buch setze ich ein Denkmal, ein Erfolgsdenkmal. Im Unterschied zu den unbeweglichen, nachträglichen Denkmälern, die zurückschauen, schaut dieses Denkmal nach vorn. Es bleibt in einer Bewegung. Es setzt den Dienst, an den ich dankbar denke, fort – mit Liebe.

Bert Hellinger

Unsere Lebenserfolge

Die Geburt

Der erste und entscheidende Lebenserfolg für uns war unsere Geburt. Er gelang uns am besten und am weittragendsten, wenn wir uns aus eigener Kraft ans Licht bringen mussten und sie uns ohne äußere Eingriffe gelang. Hier mussten wir zuerst unser Durchsetzungsvermögen beweisen. Dieser Erfolg wirkt ein Leben lang weiter. Aus dieser Erfahrung gewinnen wir die Kraft, uns auch später erfolgreich durchzusetzen.

Gehe ich hier zu weit? Was hat dieses Erfolgserlebnis mit unseren Erfolgen später in unserer Arbeit und in unserem Beruf zu tun? Hängt unser späterer Erfolg wirklich von diesem ersten Erfolg ab, weitgehend ab?

Wie verhält sich später ein Kind und ein Erwachsener, der durch Kaiserschnitt auf die Welt kam, oder der mit einer Zange ins Leben geholt werden musste? Oder wenn er zu früh auf die Welt kam und die ersten Wochen oder sogar Monate im Brutkasten verbringen musste? Wie steht es später mit seiner Selbstständigkeit und seinem Durchsetzungsvermögen?

Selbstverständlich können die Auswirkungen solcher ersten Erfahrungen später zumindest teilweise überwunden werden. Wie aus allem Schwierigen und Schweren können wir aus ihnen auch eine besondere Kraft gewinnen.

Dennoch setzten sie zugleich Grenzen und werden zu einer Herausforderung, die zu überwinden uns eher gelingt, wenn wir ihre Wurzeln erkennen und wir das Fehlende später auf andere Weise, oft auch mit Hilfe von außen, nachholen und wiedergewinnen.

Die Mutter finden und nehmen

Das nächste entscheidende Ereignis und der nächste Erfolg ist die Bewegung zur Mutter, nun als ein gegenüber, die uns an ihre Brust nimmt und nährt. Mit ihrer Milch nehmen wir das Leben außerhalb von ihr.

Was macht uns hier erfolgreich und bereitet uns für die späteren Erfolge in unserem Leben und in unserem Beruf vor?

Sie als die Quelle unseres Lebens zu nehmen, mit allem, was von ihr zu uns überfließt. Mit ihr nehmen wir unser Leben. Wir nehmen es soweit, wie wir sie nehmen.

Dieses Nehmen ist aktiv. Wir müssen saugen, damit ihre Milch fließt. Wir müssen rufen, damit sie kommt. Wir müssen uns freuen über das, was sie uns schenkt. Durch sie werden wir reich.

Später in Leben zeigt sich: wem es gelang, seine Mutter auf diese Weise voll zu nehmen, der wird erfolgreich und glücklich. Denn wie jemand zu seiner Mutter steht, so steht er zu seinem Leben und zu seinem Beruf. Soweit er seine Mutter ablehnt, soweit lehnt er auch das Leben ab und seine Arbeit und seinen Beruf.

Auf gleiche Weise und soweit, lehnt ihn auch das Leben ab und seine Arbeit und sein Beruf.

Wie jemand sich über seine Mutter freut, so freut er sich am Leben und an seiner Arbeit. So wie seine Mutter ihm gibt, ihm immer mehr gibt, wenn er von ihr mit Liebe nimmt, so schenkt ihm sein Leben und seine Arbeit im gleichen Maße Erfolg.

Wer Vorbehalte gegen seine Mutter hat, der hat sie auch gegen das Leben und gegen das Glück. Wie seine Mutter sich von ihm als Folge seiner Vorbehalte und seiner Ablehnung, so zieht sich das Leben von ihm zurück und sein Erfolg.

Wo beginnt unser Erfolg? Er beginnt bei unserer Mutter.

Wie kommt der Erfolg zu uns? Wie darf er kommen? Wenn unsere Mutter zu uns kommen darf und wir sie als unsere Mutter ehren.

Die Hinbewegung zur Mutter

Dem Nehmen der Mutter steht bei vielen eine frühe Erfahrung entgegen. Sie erlebten eine frühe Trennung von der Mutter. Zum Beispiel, wenn sie für eine Zeitlang weggegeben wurden, oder wenn die Mutter krank war und zur Erholung gehen musste, oder wenn wir krank waren und sie uns nicht besuchen durfte. Diese Erfahrung hat eine tiefgreifende Veränderung in unserem späteren Verhalten zur Folge.

Der Schmerz der Trennung und die Hilflosigkeit ohne sie, die Verzweiflung, nicht zu ihr gehen zu können, wo wir sie so sehr gebraucht hätten, führt zu einer inneren Entscheidung. Zum Beispiel: „Ich gebe sie auf." „Ich bleibe allein." Ich bleibe auf Abstand zu ihr." „Ich wende mich von ihr ab."

Wenn das Kind wieder zur Mutter zurückdarf, entzieht es sich ihr oft. Es lässt sich zum Beispiel von ihr nicht mehr berühren, verschließt sich vor ihr und vor ihrer Liebe. Es wartet vergeblich auf sie und wenn sie versucht ihm näher zu kommen und es in den Arm zu nehmen, weist es sie innerlich und oft auch äußerlich zurück.

Die Folgen einer unterbrochenen Hinbewegung

Die früh unterbrochene Hinbewegung zur Mutter hat weittragende Folgen für das spätere Leben und für unseren Erfolg. Wie zeigt sich das im Einzelnen?

Wenn solche Kinder später auf jemanden zugehen möchten, zum Beispiel auf einen Partner, erinnert ihr Körper das Trauma der frühen Trennung. Dann halten sie in ihrer Hinbewegung inne. Statt auf den Partner zuzugehen, warten sie, dass er auf sie zugeht. Wenn er wirklich näherkommt, halten sie seine Nähe oft schwer aus. Sie weisen ihn auf die eine oder andere Weise zurück, statt ihn glücklich willkommen zu heißen und zu nehmen. Sie leiden darunter und können sich dennoch nur zögernd für ihn öffnen, wenn ja, oft nur kurze Zeit.

Ähnlich ergeht es ihnen mit einem eigenen Kind. Auch seine Nähe halten sie manchmal schwer aus.

Was wäre für sie hier die Lösung? Dieses Trauma wird dort überwunden, wo es begann. Überhaupt steht fast hinter jedem Trauma eine Situation, in der eine Bewegung, die notwendig gewesen wäre, nicht möglich war, sodass wir in ihr wie angewurzelt oder gelähmt unbeweglich blieben.

Wie wird ein solches Trauma gelöst? Es wird in unserem Gefühl und in unserer Erinnerung gelöst, wenn wir trotz aller Angst in diese Situation zurückgehen und die damals verhinderte oder unterbrochene Hinbewegung innerlich nachholen.

Was heißt das für eine früh unterbrochene Hinbewegung zur Mutter?

Wir gehen noch einmal zurück in die Situation von damals, werden noch einmal das Kind von damals, schauen auf unsere Mutter von damals und gehen trotz des aufsteigenden Schmerzes und der Enttäuschung und Wut von damals einen kleinen Schritt auf sie zu – mit Liebe.

Wir halten inne, schauen ihr in die Augen und warten, bis wir in uns die Kraft und den Mut für den nächsten kleinen Schritt spüren. Wir halten wieder inne, bis uns der nächste kleine Schritt gelingt und die nächsten kleinen Schritte, bis wir am Ende in die Arme unserer Mutter fallen, von ihr umarmt und festgehalten, endlich wieder ganz mit ihr eins und mit Liebe bei ihr.

Später testen wir, auch hier zunächst innerlich, ob uns diese Hinbewegung mit einem geliebten Partner gelingt. Wir schauen ihm in die Augen, und statt zu warten, dass er sich auf uns zubewegt, machen wir den ersten kleinen Schritt zu ihm. Nach einer Weile, wenn wir genügend Kraft gesammelt haben, setzen wir einen zweiten Schritt. So gehen wir weiter auf ihn zu, langsam Schritt für Schritt, bis wir ihn in unsere Arme nehmen und er uns, bis wir ihn festhalten und uns von ihm festhalten lassen, glücklich und lange.

Die Hinbewegung zum Erfolg

Wozu habe ich das hier so ausführlich beschrieben?

Eine früh unterbrochene Hinbewegung zur Mutter erweist sich später als ein entscheidendes Hindernis für den Erfolg in unserer Arbeit, in unserem Beruf und in unserem Unternehmen. Auch hier kommt es darauf an, dass wir auf den Erfolg zugehen statt zu warten, dass er zu uns kommt. Zum Beispiel wenn wir auf den Lohn warten, ohne zuvor die entsprechende Leistung zu bringen, wenn wir andere vorschieben statt selbst zuzupacken und uns eher zurückziehen als auf jemanden und auf eine Arbeit mit Freude zuzugehen. Jeder Erfolg hat das Gesicht der Mutter.

Wir gehen also auch hier zuerst innerlich auf unseren Erfolg zu und gehen auf andere Menschen zu, bereit, für sie etwas zu leisten, bereit, ihnen zu dienen, statt zu zögern und stehen zu bleiben und zu warten, dass sie sich bewegen.

Wir gehen also auf sie zu, wir gehen auf unseren Erfolg zu, Schritt für Schritt, und spüren bei jedem Schritt unsere Mutter liebevoll hinter uns. Mit ihr verbunden, sind wir für unseren Erfolg gerüstet und kommen bei ihm an, wie wir bei unserer Mutter angekommen sind. Bei ihr zuerst und jetzt bei ihm.

Die Zuwendung

Unsere Zuwendung ist eine Bewegung, die im Herzen beginnt. Sie fällt uns leicht, wenn uns zuerst die Zuwendung zu unserer Mutter gelungen ist.

Was aber, wenn dieser Zuwendung etwas entgegenstand oder wenn sie früh unterbrochen wurde? Statt uns anderen und uns selbst mit Liebe und Achtung zuzuwenden, wenden wir uns von ihnen ab. Dann wird die Wegwendung zur inneren und äußeren Grundbewegung in unseren Beziehungen, auch in unserer Beziehung zum Erfolg.

Die Frage ist: Wie können wir die Bewegung des Sich-Wegwendens umwenden hin zur Zuwendung zu unserem Leben, zu anderen Menschen, zu unserem Erfolg und zu unserem Glück.

Ich schlage dazu eine innere Übung vor und eine Bewegung, mit deren Hilfe Sie die Bewegung der Wengwendung innerlich in Ihrem Körper zuerst wahrnehmen und sie danach umkehren können in eine umfassende Zuwendung.

Hier die Vorgehensweise im Einzelnen.

1. Wir setzen uns aufrecht auf eine Stuhlkante, atmen tief durch den Mund aus und durch die Nase tief ein. Wir halten die Augen dabei offen und wiederholen diese Atemzüge noch zweimal. Danach schließen wir die Augen und atmen normal. Unsere Hände liegen mit den Handflächen nach oben geöffnet auf unseren Oberschenkeln.
2. Langsam strecken wir die Arme und Hände immer weiter aus nach vorn, zu jemandem hin. Dabei bleiben wir aufrecht sitzen,

spüren, wie unser Rücken gerader wird, je weiter wir unsere Arme nach vorne strecken. In unserer Vorstellung strecken wir sie unserer Mutter entgegen.

3. Während wir in dieser Haltung bleiben, wird uns bewusst, auf welche verschiedenen Weisen wir in unserem Leben uns weg gewendet statt anderen zugewendet haben. Wir bleiben in dieser Haltung, so schwer es uns im Augenblick vielleicht noch fällt. Wir bewegen unsere Arme und unsere offenen Hände noch weiter nach vorn und halten unseren Rücken dabei aufrecht.

4. Langsam und sachte öffnen wir die Augen. Ohne uns zu bewegen nehmen wir mit ihnen unsere Umgebung als Ganzes zugleich wahr, sind ihr als Ganzes nach vorn, nach rechts und links und sogar nach hinten zugewandt.

5. Wir öffnen unsere Ohren, bereit, alles und jedes zu hören, was andere uns mitteilen wollen, und erfahren uns mit ihnen unserer Mutter und vielen anderen Menschen mit Liebe und Zuversicht zugewandt und eins.

6. Wir machen wieder drei tiefe Atemzüge. Zuerst atmen wir aus und dreimal tief ein und aus. Wir bleiben weiterhin aufrecht, mit geradem Rücken leicht nach vorne geneigt sitzen.

7. Mit vielen Menschen fühlen wir uns auf einmal anders verbunden, mit offenen leuchtenden Augen und offenen Ohren und fühlen uns ihnen anders zugewandt. Auch jenen, mit denen wir durch unseren Beruf verbunden sind und unsere Unternehmen.

Was geschieht jetzt mit unserem Erfolg? Lässt er noch auf sich warten? Was geschieht mit unserer Freude und unserem Glück? Auch sie wenden sich uns zu, wie unsere Mutter.

Der Platz

Ein Platz macht Sinn, wenn er einer neben vielen ist. Für sich allein hat niemand einen Platz. Wir besetzen unseren Platz mit vielen anderen neben uns. Wir machen uns unsere Plätze auch streitig und sind dennoch darauf angewiesen, dass die anderen ihren Platz einnehmen. Wie könnten wir sonst in einen Austausch mit ihnen kommen, von ihnen nehmen und ihnen geben.

Zum Austausch gehört also, dass auch sie ihren Platz einnehmen, ihn halten und sogar erweitern wollen. Dass sie mit uns in einen Wettbewerb treten und so auf besondere intensive Weise mit uns in Beziehung kommen.

Letztlich geht es bei diesem Wettbewerb um die besseren Plätze, sogar um den besten Platz für unser Überleben. Genaugenommen, obwohl wir es kaum wagen, dem wirklich ins Auge zu schauen, geht es um Leben und Tod.

Das Leben geht weiter, weil anderes Leben seinen Platz räumt und räumen muss. Der Platz, den wir im Grunde behaupten, ist gleichbedeutend mit unserem Leben. Wir haben es solange wie wir einen Platz haben, der uns gehört. Wollten wir anderen ihren Platz nehmen, nehmen wir ihnen damit ihre Lebensgrundlage.

Wenn wir ihren Platz einschränken und begrenzen, schränken wir und grenzen wir damit ihr Leben ein.

In Beziehungen, die gelingen, geht es darum, den eigenen Platz mit einem anderen zu teilen, und zwar wechselseitig. Wir teilen unseren Platz mit ihnen und sie den ihren mit uns. Obwohl jeder etwas von seinem Platz aufgibt, gewinnt er mit dem Platz des anderen für seinen Platz etwas hinzu. Gemeinsam füllen sie einen größeren Platz aus. Ihr eigener Platz wird durch den gemeinsamen Platz erweitert.

Es kommt also in unseren Beziehungen darauf an, sowohl den eigenen Platz einzunehmen und ihn auch zu behaupten, jedoch zugleich mit anderen gemeinsam einen größeren Platz zu besetzen, ihn auch zu verteidigen, zum Beispiel die erweiterte gemeinsame Grenze, und über diese Grenze hinweg mit anderen in Beziehung zu treten, mit ihnen und mit ihrem gemeinsamen Platz.

Alles, was lebt, alles, was am Ende den großen Erfolg bringen soll, sucht seine Grenzen zu erweitern. Erfolg heißt jedoch, dass wir, wo es um menschliche Beziehungen geht, unsere Grenzen gemeinsam mit anderen erweitern. Mit vielen gemeinsam ist unser Platz am sichersten geschützt. Über das eigene Überleben hinaus, geht es hier um das Leben und Überleben für viele, um das volle und reiche Leben und den Erfolg für alle.

Die Umstellung

Umgestellt heißt wörtlich, dass etwas einen anderen Platz bekommt, eine in einem größeren Ganzen andere Stelle. So stellen wir manchmal in einem Haus die Möbel um, weil sie so besser zueinander zu passen scheinen, besser aufeinander bezogen und unseren Bedürfnissen, für die wir sie brauchen, leichter entgegenzukommen.

Umgestellt heißt auch, wir stellen innerlich etwas um, wir stellen uns auf etwas anderes ein. Zum Beispiel auf neue Herausforderungen, auch auf ein anderes Ziel und die ihm entsprechende andere Richtung.

Mit dieser Umstellung verbessern wir etwas. Es wird der neuen Situation angepasst, um im Wettbewerb mit anderen besser bestehen zu können, um uns und unserem Unternehmen eine bessere Ausgangslage zu sichern, bessere Aussichten und eine bessere Zukunft.

In diesem Sinne stellt sich das Leben laufend um. Es antwortet auf jede Veränderung mit einer Anpassung.

Anders ist es mit unseren tief sitzenden Überzeugungen. Zum Beispiel einer bestimmten Moral und den allgemein geteilten Überzeugungen von Richtig und Falsch, Zulässig und Unzulässig, Erstrebenswert oder Riskant.

Diese Überzeugungen haben mit Zugehörigkeit zu tun. Ich frage mich: Wie muss ich mich verhalten, um zu der mir wichtigen Gruppe gehören zu dürfen. Welche Meinungen muss ich mit ihr teilen? Welche Überzeugungen und welche privaten oder öffentlichen Verhaltensweisen? Was, zum Beispiel, darf ich tun, ohne ausgeschlossen zu werden, und was muss ich tun, um in ihr weiterhin Mitglied zu bleiben.

Von den Überzeugungen und Erwartungen einer Gruppe werden wir oft mitgerissen, zum Schaden für viele, einschließlich für uns selbst. Zum Beispiel in einen Krieg. Auch in einen Handelskrieg, sei es in einem beschränkten oder sogar weltweiten Umfang.

Hier ist die Umstellung eine geistige Leistung, eine geistige Spitzenleistung, die über Erfolg und Misserfolg für viele entscheidet.

Wie gelingt uns eine solche Umstellung? Sie gelingt durch eine neue, schöpferische Einsicht, und sie gelingt durch den Mut, ihr zu folgen, selbst gegen große innere und äußere Widerstände.

Was wäre für viele Unternehmen eine solche grundlegende Umstellung? Die Blickrichtung. Das heißt: wem dienen sie zuerst? Begegnen sie einer Not und lindern sie diese durch ihre Dienstleistung, durch ihr Produkt und ihren Fortschritt? Dienen sie in erster Linie dem Leben und den Lebensgrundlagen von vielen? Oder mindern sie diese durch ihr Produkt, zum Beispiel durch ein gefährliches, gesundheitsschädliches Produkt und die Art, wie sie dafür werben?

Welche Rolle spielen dabei das Geld und der Profit? Wem kommen sie zugute? Stehen sie im Dienst des Lebens und bleiben sie bei denen, die dafür etwas leisten?

Die entscheidenden Umstellungen, auch in dieser Hinsicht, haben mit unserem eigenen Leben zu tun. Zum Beispiel: Wo geben wir und wo nehmen wir? Haben wir das Entscheidende für unser Leben dort genommen, wo es uns von Anfang an geschenkt wurde? Haben wir soviel davon genommen, dass wir es großzügig auf eine Weise weitergeben können, die dem Leben vieler Menschen dient?

Hier werden die Weichen gestellt für alle unsere Unternehmungen, für ihr Geben und Nehmen und ihren bleibenden Erfolg.

Bei dieser Einstellung braucht es keine Umstellung. Hier ist alles richtig. Was vor allem? Die Liebe, die nimmt, und die, auf diese Weise reich geworden, dem Leben und seinen Grundlagen ein Leben lang mit vollem Einsatz dient.

Fehler

Wenn uns ein schwerwiegender Fehler unterläuft, zum Beispiel wenn wir unrechtmäßigerweise uns einen Vorteil auf Kosten anderer verschafft haben und unser Unrecht ans Licht kommt, haben wir Angst, dass unser Fehler für uns und unser Unternehmen existenzbedrohend wird. Manchmal ist es nicht einmal unser eigener Fehler. Wir werden in die Folgen von Fehlern mit hineingezogen, an denen andere Schuld waren.

Auf einmal haben wir unser Schicksal und das Schicksal unseres Unternehmens nicht mehr in unserer Hand. Wir erfahren uns anderen Mächten ausgeliefert, die über unser Wohl und Wehe und unser Überleben entscheiden.

Die Frage ist: Folgt dieser Fehler einem anderen, persönlichen Fehler, durch den wir in einem anderen Zusammenhang über das Wohl und Wehe eines anderen Menschen verfügt haben und wir uns, indem wir ihm Unrecht taten, im Recht gefühlt, ihm einen Fehler angelastet haben und ihn die Folgen spüren ließen? Kommen wir also durch unseren Fehler und durch die Folgen, die wir für ihn befürchten, in die gleiche Lage wie er? Unser Fehler macht uns ihm auf einmal gleich.

Wie gewinnen wir die Kraft, uns den Folgen unseres jetzigen Fehlers auf eine Weise zu stellen, die zum Guten führt, mehr als nur für uns und unsere Zukunft? Jene Kraft, die, wenn es gut ausgeht, es auch für jemand anderen gut ausgehen lässt?

Fehler in einem Unternehmen hängen oft mit Fehlern persönlicher, mitmenschlicher Art in unserer Vergangenheit zusammen, der eigenen und solchen von anderen, in die wir schicksalhaft mit hineingezogen sind? Deswegen unterlaufen uns in einem Unternehmen auch uns selbst unverständliche dumme Fehler. Etwas in unserer Seele will durch sie mit diesen anderen in Verbindung kommen, oder umgekehrt, sie melden sich in unseren Fehlern zu Wort.

Wer meldet sich in ihnen wirklich zu Wort? Eine andere, uns alle gleichermaßen steuernde Macht, allen auf gleiche Weise mit Liebe zugewandt, die durch unsere Fehler etwas viel tiefer Gehendes in Ordnung bringen will. Es meldet sich in unserem Fehler und in seinen Folgen eine Macht, die uns aus dem einen wie dem anderen Fehler führen will und führen kann, wenn wir in Einklang kommen mit ihrer Liebe für alle und alles, wie es ist.

Wie gelingt uns dieser Einklang? Wir lassen von der Angst, vertrauen uns der Führung dieser Macht an, was unseren aktuellen Fehler und seine Folgen angeht, und frühere Fehler der Liebe von uns und unserer Familie, und finden über sie zu jener Mitmenschlichkeit zurück, die Schicksal zu teilen bereit ist.

Wie immer es um die Folgen unseres jetzigen Fehlers steht, er steht im Dienst eines anderen Erfolgs, selbst wenn uns der Preis für ihn hoch erscheint. Wenn wir unserem Fehler und seinen Folgen zustimmen, wachsen wir menschlich, im Einklang mit einer anderen Liebe: schmerzlich und heilsam, ohnmächtig und von woandersher mächtig, gelassen, was immer der Ausgang. Wir werden mit anderen Kräften und einer anderen Führung im Herzen eins.

Der Verlust

Wir beklagen einen Verlust, wenn uns etwas verloren ging, was uns wichtig war, was uns am Herzen lag und zu unserem Leben gehörte. Manchmal verlieren wir etwas, was uns eine Bürde war, zum Beispiel eine Verantwortung, die wir für andere übernahmen, ohne dass es ihnen und uns etwas brachte. Dieser Verlust macht uns frei. Wir sind froh, etwas losgeworden zu sein.

Wenn uns ein Verlust droht, der unsere Lebensgrundlagen und sogar unser Leben bedroht, mobilisieren wir unsere letzten

Reserven, um ihn zu verhindern und abzuwenden. Oft können wir es nur schwer aus eigener Kraft. Wir schauen uns um, von wo uns Hilfe von außen kommt. Wenn sie ausbleibt, besinnen wir uns auf eine Hilfe, die von innen kommt. Zum Beispiel wenn wir einsehen, dass wir selbst unachtsam waren und anderen einen Verlust gebracht und Schaden zugefügt haben. Auf einmal sehen wir unseren Verlust in einem anderen Zusammenhang.

Alle leben wir auf Kosten anderer, und andere leben, weil es uns etwas kostet und wir es uns etwas kosten lassen, oft sogar sehr viel. Was in diesem Sinne etwas kostet, dient unserem und ihrem Leben und wird zu einem Gewinn ohne Verlust.

Ein Verlust ist vor allem das, was unser Leben mindert. Unserem Leben geht etwas verloren. Zum Beispiel wenn wir bei einem Unfall ein Bein verlieren oder sonstwie bleibend Schaden nehmen. Oder wenn wir das Augenlicht verlieren oder das Gleichgewicht. Aber auch eine Hoffnung durch einen Schicksalsschlag, zum Beispiel wenn wir einen geliebten Menschen durch den Tod verlieren.

In unseren Unternehmen erleiden wir Verluste wenn wir uns übernommen haben, wenn wir zu weit gingen, über das hinaus, was dem Leben von uns und vielen dient. Auch wenn wir etwas zurückgehalten haben, was wir der Öffentlichkeit schulden, damit sie uns und anderen zu Diensten sein kann. Dann bringen wir Nehmen und Geben in jene Ordnung, die uns auch hier mitmenschlich sein lässt, in den nahen und in den öffentlichen Beziehungen.

In dem Augenblick werden wir von der öffentlichen Hand, soweit sie selbst in Ordnung ist, gegen Übergriffe geschützt und gegen Verluste abgesichert. Wir arbeiten mit ihr zum Wohle des Ganzen zusammen.

Andere Verluste gehören in den Bereich des Verschleißes und zwingen uns zur Reparatur und zur Erneuerung. Etwas hat sich verbraucht und wird durch Neues ersetzt. Diese Verluste zwingen uns, auf dem Laufenden zu bleiben, wie alles, was lebt und wächst. Sie gehören in den Bereich der Kosten, die wir einkalkulieren und um des Gewinnes wegen aufzubringen bereit sind.

Wie gehen wir mit den lebensbedrohlichen Verlusten um, die unsere Existenz und unser Glück und unser Leben kosten können?

Wir retten, was noch zu retten ist, und lassen das andere fahren, ohne im nachzutrauern. So werden wir für das, was uns bleibt, frei, bis auch dieses, wie alles andere zu seiner Zeit aufhört, gemäß aufhört, weil anderes nach ihm und an seiner Stelle beginnt.

Hier bewegen wir uns über den Bereich von Gewinn und Verlust hinaus in einem anderen Bereich, in einem geistigen Bereich, im Einklang mit Mächten, denen alles gleichermaßen dient, auch unser Verlust.

Sie machen alles in jedem Augenblick neu, fortwährend neu, ohne Verlust neu, bleibend neu – wie alles andere auch uns.

Vergeblich

Vergeblich ist, was wenig bringt. Es war keiner Mühe wert. Allerdings lässt sich in der Regel voraussehen, was sich am Ende als vergeblich zeigt.

Vergeblich ist, was wenig Sinn macht. Wir sprechen dann von vergeblicher Liebesmüh: große Erwartungen doch ohne Ergebnis. So ist das Laute oft vergeblich, auch das Groß-Aufgemachte, die Schale ohne den Kern.

Was dient, ist nie vergeblich, zum Beispiel die Liebe, die ein Kind in die Welt bringt. Sie bringt das Größtmögliche, ohne dass es groß auffällt. Denn was dient dem Leben mehr als ein Kind, das es fortsetzen kann, wenn das ihm vorangegangene Leben aufhört?

Vergeblich sind Träume ohne die Leistung, die sie wirklich machen. Überhaupt ist keine Leistung vergeblich, die durchgehalten wird, auch gegen Widerstände, bis sie an ihr Ziel kommt. Vor allem eine Leistung, die auf lange Sicht das Leben von vielen weiterbringt.

Auf dem Weg dorthin scheint manches vergeblich, weil seine Zeit auf sich warten lässt. Doch das Richtige und Wesentliche hat einen langen Atem. In diesem Sinne kann nur das Kurzfristige vergeblich sein. Zum Beispiel der kurzfristige Erfolg, der langfristig scheitert mit Verlusten für viele.

Nie vergeblich ist der Dank für eine Leistung. Er führt sie weiter, bis zum vollen Erfolg.

Nie vergeblich ist das geduldige Warten, bis sich das Ergebnis, das Zeit braucht, zeigt. Zum Beispiel bei einem Gärtner, aber auch sonst bei allem, was Ausdauer braucht.

Alles Hochfliegende erweist sich nach einer Zeit als vergeblich. Es muss zurück auf den Boden, auf seinen tragenden Grund.

Wie entgehen wir dem Vergeblichen? Bescheiden, mit dem Blick auf das Maß, das bleibt. Nur langsam erweitern wir die Grenzen von dem, was wir erreichen wollen, immer mit dem Blick auf die Reserven, die wir noch haben. Wir erweitern sie im Dienst von etwas Hilfreichem, auf das andere warten. Wenn es ihnen dient, erübrigt sich die Frage nach dm Vergeblichen.

Es lässt sich also im Voraus erkennen, ob etwas vergeblich sein wird. Vergeblich wird, was wir nicht wahrhaben wollen. Der klare Blick erfasst sofort, was Zukunft hat und wem sie entgeht.

Vergeblich ist alles Selbstbezogene. Wer ist bereit, solchem Selbstbezogenen zu dienen?

Vergeblich ist jede Sorge um das, was unserem Leben folgt, denn alles Frühere erweist sich nach einer Weile als überholt und für das Neue entbehrlich. So wertvoll das Frühere war, das Neue geht über es hinaus.

Vergeblich sind alle Gedanken von: Was wäre gewesen, wenn. Weder war es, noch wird es kommen.

Nie vergeblich ist der Blick auf den nächsten Schritt. Auch wenn uns das Ende eines Unternehmens weitgehend verborgen bleibt, der nächste Schritt ist klar. Allerdings auf ein Ziel hin, das absehbar bleibt, an dem sich etwas vollendet.

Nie vergeblich ist die Liebe zum Detail. Es verlangt die volle Aufmerksamkeit. Wir bleiben mit ihm beim Nahen und dem uns Möglichen. Aus ihm ergibt sich das Nächste, ebenfalls etwas Nahes.

Von was habe ich hier gesprochen? Von unserem Leben und von der Spanne, die uns für unser Leben bleibt. Auf diese Weise kommt es zwar auch an ein Ende, aber nie vergeblich. Es kommt erfüllt an sein Ende und mit ihm das, was wir in ihm geleistet haben. Geht etwas davon später noch weiter? Braucht es uns zu kümmern?

Das Gleiche gilt für viele Unternehmen. Auch sie haben ihre Zeit, eine begrenzte Zeit. Auch sie dürfen nach einer Weile gehen. Waren sie dann vergeblich? Sie werden vergeblich nach ihrer Zeit. Jetzt dienen sie und wir mit ihnen in den Grenzen, die ihnen das Leben setzt. Innerhalb dieser Grenzen manchmal vergeblich, doch auf Dauer, solange sie dem Leben dienen, für viele erfolgreich.

Der Treffpunkt

„Wo treffen wir uns?" Das ist oft die Frage, wenn zwei miteinander ins Geschäft kommen wollen, von welcher Art auch immer. „Treffen wir uns bei dir?" „Treffen wir uns bei mir?" Oder „Treffen wir uns irgendwo in der Mitte?"

In der Mitte gehst du mir entgegen, und ich gehe dir entgegen. Wir können in einem weitergehenden Sinn auch sagen: Du kommst mir entgegen, und ich komme dir entgegen. In der Mitte werden wir handelnseinig. Beide bleiben wir, wer wir sind, und machen dennoch gemeinsame Sache. Keiner wird dabei vom anderen übervorteilt oder vom anderen übernommen oder sogar geschluckt. Beide gewinnen wir, keiner verliert. Der ideale Treffpunkt ist also die Mitte.

Ich veranschauliche das an einem alltäglichen Beispiel. Welche Aussichten hat eine Paarbeziehung, wenn eine Frau zu einem Mann zieht oder sogar in sein Elternhaus, oder wenn der Mann zu seiner Frau zieht oder sogar in ihre Familie und in ihr Elternhaus?

Umgekehrt, welche Aussichten hat ihre Beziehung, wenn beide ihr Elternhaus verlassen und in der Mitte, von beiden Familien gleichweit entfernt, etwas Eigenes, etwas Gemeinsames unternehmen? Auch hier ist der Treffpunkt genau in der Mitte.

Wenn sie Kinder haben, ist für sie der Weg zur Familie ihres Vaters gleich weit wie der zur Familie ihrer Mutter. Sie können zu beiden gehen, sich bei ihnen zuhause fühlen und finden dennoch wieder zur gemeinsamen Mitte zurück. Dort liegt ihr Reichtum.

Ich übertrage das jetzt auf Unternehmen. Ich bin mir bewusst, dies ist ein heikles Unterfangen. Einiges davon beruht auf Beobachtungen, ohne dass ich mir herausnehme, die Hintergründe erklären zu können. Anderes ist bedenkenswert, ohne dass ich es wage zu sagen, wo im Einzelnen der beste Treffpunkt liegt. Doch es lohnt sich, genauer hinzuschauen und zu erspüren: Was dient dem gemeinsamen Erfolg am ehesten und vor allem, was dient ihm bleibend.

Nun also konkret. Was geschieht, wenn eine Frau von ihrer Familie ein Unternehmen erbt und sie dieses Erbe annimmt? Darf und kann der Mann dann zu ihr ziehen in dem Sinne, dass er in ihrem Unternehmen eine Aufgabe übernimmt, sogar eine führende Aufgabe?

Wie fühlt er sich dann seiner Frau gegenüber? Fühlt er sich ihr gegenüber noch gleich, ihr auch als Mann ebenbürtig? Und wie fühlt er sich in diesem Unternehmen? Wird er dort angesehen, als seiner Frau ebenbürtig? Genießt er dort Achtung?

Ich spinne das noch etwas weiter. Fühlt er sich in diesem Unternehmen wohl? Tut er sein Bestes, um es zu erhalten und zu fördern? Hat er innerlich dazu die Kraft? Ich übertreibe hier etwas. Fühlt er sich vielleicht sogar wohl und atmet er auf, wenn das Unternehmen Pleite geht? Wenn er und seine Frau gleichsam auf der Straße stehen und sie gemeinsam woanders von vorne anfangen müssen, in der Mitte von ihren Herkunftsfamilien gleichweit entfernt, wie geht es ihnen dann in ihrer Beziehung?

Ich hoffe, Sie nehmen es nicht wörtlich, was ich hier sage, oder als unumstößliche Wahrheit. Doch wieso stelle ich diese Überlegungen hier an?

Meine Beobachtung ist und andere haben ähnliche Beobachtungen gemacht: Wenn ein Mann in der Firma seiner Frau, wenn sie diese von ihrer Familie geerbt und übernommen hat, eine führende Rolle übernimmt, geht es mit dieser Firma bergab, bis in den Ruin, unabhängig, wie fähig er in vieler Hinsicht sein mag.

Also, ein Mann muss sich hüten, in die Firma seiner Frau einzusteigen oder sich in sie auf irgendeine Weise einzumischen, auch nicht beratend. Das heißt, um vor seiner Frau und mit ihr bestehen zu können, muss er sich eine von ihr unabhängige Arbeit und einen von ihr unabhängigen Beruf suchen, oder eine eigene Firma und ein eigenes Unternehmen gründen. Das mag hart klingen. Gleichzeitig wird dieses Gesetz zu einer Herausforderung für beide, mit einem für beide sicheren persönlichen und einem aussichtsreichen geschäftlichen Erfolg.

Gilt das auch umgekehrt, wenn die Frau in das Unternehmen ihres Mannes einsteigt, das er von seinen Eltern geerbt und von ihnen übernommen hat? Wir können beobachten, dass eine Frau in der Regel das Unternehmen ihres Mannes fördert und unterstützt, dass von ihr in der Regel keine Gefahr für das Unternehmen ausgeht, die zu seinem Ruin führen könnte.

Die Frage ist jedoch, ob sie dabei glücklich wird, vor allem wenn es sich um ein Familienunternehmen handelt und die Eltern des Mannes, vor allem sein Vater, weiterhin die Zügel in der Hand behalten.

Weil der Mann Vater und Mutter nicht verlassen konnte und als Sohn daheim bleibt, muss er lange warten, bis er selbstständig werden kann. Er wird es aber nie ganz. Seine Frau, so tüchtig sie sein mag, findet dort kein eigenes Zuhause und hat es schwer, sich dem Mann als gleich und ebenbürtig zu fühlen.

Wenn sich ein Paar in der Mitte treffen konnte, und der Mann ein Unternehmen gründet, bleibt es oft bei der in vielen Familien üblichen Arbeitsteilung. Der Mann geht seinem Beruf nach, die Frau kümmert sich um das Zuhause und um die Kinder. Sie bleiben dabei in der Mitte. Er kommt ihr entgegen und sie ihm. Auf diese Weise wird sein Unternehmen, obwohl von ihm gegründet, ein gemeinsames Unternehmen.

Das gilt umso mehr, wenn Mann und Frau von vornherein ein gemeinsames Unternehmen gründen, in der beide eine gleichberechtigte Rolle übernehmen. Die Grundlage für den Erfolg einer Paarbeziehung, dass sie sich in der Mitte treffen, wirkt sich auf ihr Unternehmen ebenfalls erfolgreich aus.

Vorurteile

Wenn wir über eine Sache oder über eine Person, aber auch über eine Gruppe und ein Produkt urteilen, ohne sie genau zu kennen, sprechen wir von einem Vorurteil. Die meisten Vorurteile setzen etwas oder jemanden mit ihrem Urteil herab, ohne genaue Kenntnis des Sachverhalts und der Sachlage.

Was ist die Wirkung eines solchen Vorurteils? Wir setzen uns und anderen damit eine Grenze. Weder wir noch sie kommen gegen ein solches Vorurteil an.

Genaugenommen wirkt sich ein solches Vorurteil aus wie eine Verurteilung. Wir machen uns zum Richter über andere und über das, was sie zu bieten haben – manchmal auch zu ihrem Henker.

Wenn wir selbst Opfer solcher Vorurteile werden, wie gehen wir damit um? Können wir den anderen eines Besseren belehren, sodass er sein Urteil zurückzieht? Die Frage ist: Wieso wollen wir ihn vom Gegenteil überzeugen?

Die meisten Vorurteile haben Eltern über ihre Kinder, und später die Kinder gegenüber ihren Eltern. Beide kennen sich nur wenig, durch ihre Vorurteile entfremden sie sich voneinander. Manchmal versuchen sie sogar, oft unbewusst, diesen Vorurteilen zu entsprechen und geben dem Vorurteil damit nachträglich Recht.

Welchen Mächten sind dann beide Seiten ausgesetzt? Einer geheimnisvollen Macht. Gegen die Macht dieser Vorurteile kommen dann weder wir noch die anderen an. Diese Vorurteile erweisen sich als schöpferisch. Sie bewirken, was sie erreichen wollen, aber nur solange, als sich ihnen der andere fügt. Merkwürdigerweise fügt er sich ihnen gerade dann, wenn er sich gegen sie wehrt. Statt sie zu überwinden, nährt er sie damit umso mehr. Die Frage ist: Wie können wir ihnen wirksam entgehen?

Das Vorurteil ist ein Feind des Neuen. Durch ein Vorurteil wehren wir uns gegen das Neue und gegen eine neue Herausforderung, bei uns und bei anderen.

Ein Grund-Satz des Vorurteils heißt: „Es geht nicht." Ein zweiter Grund-Satz: Du darfst es nicht." Ein dritter Grund-Satz: „Du darfst nicht anders sein." Ein vierter Grund-Satz: „Das ist gefährlich." Ein fünfter Grund-Satz: „Du bist im Unrecht." Ein sechster Grund-Satz: „Hier bleibt alles beim Alten."

Ich könnte weiter mit solchen Grund-Sätzen fortfahren, doch sie alle dienen dem gleichen Ziel. Sie fesseln den anderen und binden ihm die Hände.

Die Frage ist: Sind es im Grunde wirklich unsere Vorurteile? Oder haben wir sie, weil andere sie hatten? Geben wir mit unseren Vorurteilen andere Vorurteile nur weiter und suchen für sie weitere Opfer?

Hier stellt sich mir vor allem die Frage: Welchen Vorurteilen sind Unternehmer und Unternehmen ausgeliefert, und wie können sie diese überwinden? Woher kommen diese Vorurteile und aus welchen geheimen Quellen und Bildern schöpfen sie ihre Kraft?

Ein Urbild, das in ihnen weiterwirkt, ist das Bild von Herren und Sklaven. Es wirkt in vielen Arbeitskämpfen nach. Nur statt der Herren schwingen in ihnen die Sklaven die Peitsche. Sie verhalten sich, als seien sie nun im Recht und ihre Herren im Unrecht.

Weil dieses Bild und Vorurteil weiterwirkt, erfasst es viele Unternehmer ebenfalls. Auch sie haben es schwer, sich dagegen zu wehren. Wie wehren sie sich? Zum Beispiel durch übertriebene Mechanisierung und andere Methoden, mit denen sie die Kosten für Arbeitsplätze sparen und sich von ihnen unabhängig machen.

Ich übertreibe hier natürlich. Mir geht es darum, die verborgenen Hintergründe mancher Auseinandersetzungen ans Licht zu bringen und sie vielleicht schneller und anders zu lösen. Ich bin mir bewusst, wie viele gegenteilige Erfahrungen es gibt, bei denen beide Seiten für eine gute Lösung am gleichen Strang ziehen zum Vorteil für alle.

Ich lasse hier die globalen Auswirkungen dieses Vorurteils außer Acht, obwohl wir gerade an ihnen die unglaubliche geheime Macht dieses Vorurteils wahrnehmen. Zum Beispiel im Kommunismus und in den Ländern, in denen er die Oberhand gewann.

Aber auch in den Extremen des Kapitalismus, die das alte Vorurteil rechtfertigen und ihm in vielerlei Formen neue Nahrung geben.

Welche Möglichkeiten bieten sich an, dieses Vorurteil in der Praxis zu überwinden? Ich gebe dazu ein Bild vor. Wie das im Einzelnen in der Praxis aussieht, lasse ich offen. Doch so wie dieses Vorurteil ein mächtiges inneres Bild ist, wird dieses andere Bild ebenfalls eine schöpferische Macht gewinnen, wenn wir ihm innerlich Raum geben.

Also, wie bei einem Paar, das auf gute Weise zusammenfindet, wenn beide ihre Herkunftsfamilien hinter sich lassen und dann aufeinander zugehen, bis sie sich in der Mitte treffen, lassen der Unternehmer und seine Mitarbeiter das alte Bild von Herren und Sklaven hinter sich und gehen aufeinander zu von Gleich zu Gleich, bis sie sich in der Mitte treffen. Sie schauen sich an mit gegenseitiger Achtung und mit Achtung vor der jeweiligen Aufgabe und Wichtigkeit und stellen sich dann nebeneinander. Gemeinsam schauen sie auf ein Drittes, dem sie dienen, jeder auf seine besondere Weise, weil das Dritte nur gelingt, wenn jeder den ihm zukommenden Beitrag leistet: nebeneinander und zusammen, jeder auf den anderen für den gemeinsamen Erfolg angewiesen und dennoch auf unterschiedliche eigene Weise. Also ähnlich wie ein Paar, das sich nach einer Weile aus dem nur Gegenüber löst und gemeinsam auf das Dritte schaut, dem sie am Ende dienen, ihrem gemeinsamen Kind.

Hier, beim Unternehmer und seinen Mitarbeitern, ist dieses Dritte, dem sie dienen und das nur gelingt, wenn beide den ihnen zukommenden Beitrag leisten, das Unternehmen und sein Produkt und im weiteren Sinne die Kunden, denen es dient.

Was heißt das im Detail? Beide Seiten überlegen gemeinsam, wie zu dem Gelingen beitragen. Beide Seiten übernehmen für das Gelingen auch ihren Teil der Verantwortung, und beide Seiten teilen sowohl den Gewinn als auch das Risiko. Das würde in letzter Konsequenz heißen: wenn das Unternehmen in Schwierigkeiten gerät tragen beide Seiten gemeinsam auch den Verlust. Erst auf diese Weise werden sie wirklich zu einer Schicksalsgemeinschaft.

Für mich bedeutet das noch etwas. Wenn ein Unternehmen in Schwierigkeiten gerät, springt der Unternehmer zur Lösung einer Krise auch mit seinem Privatvermögen ein. Auch er stimmt Einbußen persönlicher Art zu, wie es seine Mitarbeiter müssen. Denn das sogenannte Privatvermögen, das ja weitgehend ein Gewinn aus dem Erfolg des Unternehmens war, wird in der umgekehrten Situation von Schwierigkeiten und Verlust, damit sie überwunden werden, ebenfalls zur Kasse gebeten.

Wie gesagt, dass sind auf der einen Seite nur Bilder, aber mächtige Bilder, Bilder mit Zukunft. Sie sind in der Praxis auch vielerorts wirksam, vor allem bei kleineren Unternehmen, in denen die Solidarität aller Beteiligten auf einer mitmenschlichen Ebene und der Ebene einer gemeinsam geteilten Verantwortung schon lange zum Gelingen beiträgt.

Auf anderen Ebenen, wo es zum Beispiel um Kampfmaßnahmen geht, oft ohne Rücksicht auf den Schaden und den Verlust von Unbeteiligten – auch hier nach dem Vorurteil von Herren und Sklaven, bei dem die Unbeteiligten zu Sklaven werden –, hilft dieses andere Bild das alte Vorurteil nach einer Weile zu überwinden, zum Erfolg für alle.

Soeben

Soeben ist es passiert, völlig überraschend und unvorhersehbar. Es durchkreuzt unsere Pläne und vieles, auf das wir uns verlassen zu können glaubten. Plötzlich entsteht eine neue Situation.

Wir sagen zum Beispiel: „Soeben hat es eingeschlagen." Aber auch: „Soeben hört es zu regnen auf und es zeigt sich wieder die Sonne."

Wir sagen aber auch: „Soeben verlassen mich meine Kräfte, soeben bin ich am Ende, ich kann nicht mehr."

Was soeben passiert, erfordert eine Umstellung, und es erlaubt uns eine Umstellung. Plötzlich eröffnet sich ein anderer Horizont, oder es schließt sich für immer eine Tür.

Soeben heißt: jetzt, jetzt in diesem Augenblick. Was soeben geschieht, ist da, ganz da. Wir können unmittelbar reagieren und müssen es auch.

Was soeben passiert, bringt uns vom Himmel vieler Vorstellungen und Träume zurück auf den Boden, glücklich, wach und handelnd.

Alles Schöpferische geschieht soeben, jeder Schritt, den wir setzen, soeben, jedes Glück und jeder Erfolg soeben, und soeben jeder Schaden und Verlust.

Soeben ist das Vergangene vorbei, und soeben beginnt die Zukunft. Nur soeben sind wir im Einklang mit dem Leben, nur soeben sind wir da, ganz da. Nur soeben läuft etwas gut, und nur soeben läuft etwas schief.

Nur soeben kommt die entscheidende Einsicht, und soeben entscheiden wir uns, ihr zu folgen oder sie zu verschieben.

Soeben sind wir ganz bei der Sache, und nur soeben werden wir abgelenkt. Es gibt soeben mehrere Möglichkeiten, doch wirklich wird nur eine – soeben.

Warum sage ich das alles? Soeben fällt mir ein, wohin es hinaus will. Dir Frage ist: Welche Rolle spielt das Soeben in Unternehmen?

Soeben zeigen sich die Zeichen der Zeit, und soeben können wir auf sie reagieren, wenn wir für sie offen sind und bereit. Jede Abweichung vom Soeben, lässt diese Zeichen an uns vorbeiziehen, ob sie auf Fortschritt hinweisen und auf Erfolg oder auf Rückschritt hin, drohende Gefahr und Misserfolg? Sie zeigen, welches Handeln diese Zeichen jetzt von uns verlangen, soeben im Augenblick.

Wie erkennen wir die Zeichen der Zeit? Nur soeben, wenn wir sie ernst nehmen. Dazu fällt mir ein Beispiel ein, auch soeben.

Wenn ein neues Produkt auf den Markt kommt, erweisen sich die früheren Produkte der gleichen Art bereits als veraltet. Wenn etwas schneller und zeitsparender geht, lässt es das Langsame hinter sich. Erfolg hat, wer sich sofort umstellt, wer sofort auf das Neue setzt statt am Alten festzuhalten, und sei es selbst für eine

Weile. Die alten Lager werden geräumt, um für das Neue Platz zu machen. Wer hier zögert, fällt zurück.

Soeben fällt mir auf, dass ich auf eine Weise von dieser Wahrnehmung und dem an sie geknüpften Erfolg geredet habe, als gelängen sie ohne eine besondere geistige Leistung, als hingen sie mehr oder weniger von unserem guten Willen ab und als könnten wir uns und anderen später den Vorwurf machen: Hättest du nur besser aufgepasst.

Die eingeschränkte Wahrnehmung und ihre unseren Erfolg einschränkenden Folgen hängen mit einer Gewissensbewegung zusammen, die uns in eine Richtung auf Weniger hin drängt, statt auf eine, die mehr will: mehr Erfolg und mehr Glück. Das heißt zugleich, dass wir heimlich bei weniger Erfolg ein gutes Gewissen haben, und bei Erfolg, vor allem beim großen Erfolg, heimlich ein schlechtes.

Auf was kommt es also beim Erfolg, der bleibt und weitergeht, vor allem an? Dass wir erkennen, wie umfassend wir in die Bewegungen des Gewissens verstrickt sind und wie sie oft zum Scheitern führen, und dass wir lernen, wie wir uns und unser Unternehmen aus ihnen lösen.

Von was habe ich hier gesprochen? Von der Unterscheidungsgabe der Weisheit.

Wie gewinnen wir sie? Durch Dienen mit Liebe, mit der Liebe soeben.

Vorurteile des Gewissens

Neben den kollektiven Vorurteilen, die über den Erfolg und Misserfolg von Unternehmen entscheiden, wie zum Beispiel das verinnerlichte Vorurteil von Herren und Sklaven, entscheiden viele persönliche Vorurteile über unseren Erfolg in einem Unternehmen. Diese Vorurteile kommen aus dem Gewissen. Auch sie haben weittragende Folgen.

Das Gewissen entscheidet, unter welchen Voraussetzungen wir dazugehören dürfen und unter welchen Voraussetzungen wir das Recht auf diese Zugehörigkeit verlieren. Das Gewissen urteilt also. Alle Gewissensbewegungen sind Urteile. Genauer gesagt: sie sind Vorurteile. Sie urteilen im Voraus, was ich tun darf oder nicht, auch hier weitgehend ohne genaue Kenntnis der Sachlage. In diesem Sinne sind sie auch kollektive Vorurteile. Sie werden uns von der Gruppe vorgegeben, der wir angehören, ohne dass sie von uns überprüft werden dürfen. Selbst die Überprüfung wäre bereits ein Verstoß gegen dieses Gewissen und wird von ihm und von der Gruppe, der es dient, entsprechend geahndet. Wir werden, wenn uns diese Hintergründe des Gewissens verborgen bleiben, seine Sklaven.

Die Grundfrage, vor die uns das Gewissen stellt, heißt: Was muss ich denken und tun, um dazugehören zu dürfen.

Das Gewissen entscheidet in jedem Augenblick, ob wir dazugehören dürfen oder nicht. Letztlich entscheidet es in jedem Augenblick über unser Leben und unseren Tod. Denn auf die schweren Verstöße gegen dieses Gewissen folgt die Todesstrafe.

Wer vollzieht die Hinrichtung? Unsere Gruppe und in vieler Hinsicht wir selbst durch unser schlechtes Gewissen. Wir vollziehen sie, genaugenommen, durch unsere Schuldgefühle für unsere Schuld und durch unsere Sühne für sie.

Wieso hat unser schlechtes Gewissen eine solche Macht? Hinter ihm wirkt eine Gottesvorstellung, denn das Gewissen offenbart sich uns als Gottes Stimme. Auch heutzutage wird es noch auf vielerlei Weise als solche anerkannt und gefürchtet, öffentlich und persönlich, obwohl vielen dieser Zusammenhang unbewusst bleibt und geheim.

Das Gewissen und seine Vorurteile entscheiden weitgehend über den Erfolg und das Scheitern vieler Unternehmen. Allerdings lassen wir diese Vorurteile häufig außer Acht. Wir suchen nach äußeren Gründen und bleiben den Gewissensgründen umso mehr ausgeliefert.

Die Vorgaben des Gewissens richten sich zunächst an das Kind in uns, denn vor allem das Kind ist auf Gedeih und Verderb seiner Gruppe und dessen Gewissen ausgeliefert, ohne sich dagegen wehren zu können und wehren zu dürfen. Sonst ist es um sein Überleben geschehen. So widersinnig auch uns die Vorgaben des Gewissens zu sein scheinen, da hinter diesen in unserer Vorstellung eine göttliche Macht steht, die über unser Sein und

Nichtsein entscheidet, können wir uns den Vorgaben und Vorurteilen des Gewissens nur schwer entziehen.

Der Reichtum

Was ist eine solche Vorgabe und ein solches Vorurteil des Gewissens, die über unseren Erfolg und Misserfolg entscheiden?

In der Bibel wird ein Spruch von Jesus übermittelt: „Leichter geht ein Kamel durch ein Nadelöhr, als ein Reicher in den Himmel."

Was immer für Jesus der konkrete Hintergrund dieses Spruchs gewesen sein mag, es ist ebenfalls überliefert, dass er sich von Reichen und den verachteten Steuereintreibern als Gast einladen ließ. Er saß mit ihnen zu Tische und ließ es sich bei ihnen gut gehen, so dass einige von ihm sagten, er sei ein Prasser und Säufer. Er selbst verhielt sich wie ein Reicher, als er an einem Tag 5000 Hungrige speiste. In der Bibel steht auch, dass er nach seiner Auferstehung Petrus und anderen Jüngern zu einem so reichen Fischfang verhalf, dass ihre Netze zu reißen drohten, und dass er ihnen anschließend auf einem Feuer Fischlein briet. Von Armut und Entsagung war hier keine Rede.

Allerdings stieß er in einem Wutanfall im Tempel die Tische der Geldwechsler um und rief ihnen zu: „Es steht geschrieben: ‚Mein Haus soll ein Gebetshaus heißen, ihr aber macht es zu einer Räuberhöhle'!" Dieser Vorfall war einer der Gründe für seine Hinrichtung, weil er ihre Geschäfte im Heiligtum störte.

Im Gewissen des Abendlandes wirkt dieser Affekt gegen den Reichtum und seine unheilvolle Wirkung für unser Seelenheil weiterhin nach, im persönlichen wie im öffentlichen Leben.

Doch das ist nur die eine Seite. Auf der anderen Seite wacht unser Gewissen über den Ausgleich von Nehmen und Geben. Denn wer nimmt, fühlt sich schuldig, wenn er nimmt, ohne zu geben. Dieses Gewissen dient dem Ausgleich von Geben und Nehmen und am Ende dem Reichtum für alle.

Diese andere Bewegung des Gewissens hebt die erstgenannte auf und weist sie in ihre Schranken. Sie rückt auch die hinter ihnen liegenden Gottesbilder zurecht und entmachtet das erste.

Vor Jahren bin ich diesem Zusammenhang in einer Geschichte nachgegangen, die ich hier zur Veranschaulichung noch einmal erzähle.

Das Nicht

Ein Mönch, der auf der Suche war,
bat einen Händler auf dem Markt
um eine Gabe.

Der Händler hielt noch einen Blick lang inne
und fragte ihn, als er sie gab:
„Wie kann es sein, dass du von mir,
was dir zum Leben fehlt, erbitten,
doch mich und meine Lebensweise,
die es dir gewähren,
für minder achten musst?"

Der Mönch gab ihm zur Antwort:
„Verglichen mit dem Letzten, das ich suche,
erscheint das andere
gering."

Der Händler aber fragte weiter:
„Wenn es ein Letztes gibt,
wie kann es etwas sein,
das einer suchen oder finden könnte,
als läge es am Ende eines Weges?
Wie könnte einer je
zu ihm sich wegbegeben und so,
als sei es unter anderem und vielem eines,
mehr als die anderen und vielen
seiner habhaft werden?
Und wie könnte umgekehrt
von ihm sich einer wegbegeben
und weniger als andere
von ihm getragen
oder ihm zu Diensten sein?"

Der Mönch entgegnete:
„Das Letzte findet,
wer dem Nahen und dem Jetzigen
entsagt."

Der Händler aber überlegte weiter:
„Wenn es ein Letztes gibt,
dann ist es jedem nah,
wenn auch, so wie in jedem Sein ein Nicht
und wie in jedem Jetzt ein Vorher und ein Nachher,
in dem, was uns erscheint
und was verweilt,
verborgen.

Verglichen mit dem Sein,
das wir vorübergehend und begrenzt erfahren,
scheint uns das Nicht unendlich,

wie das Woher und das Wohin,
verglichen mit dem Jetzt.

Doch offenbart das Nicht sich uns
im Sein,
wie das Woher und das Wohin
im Jetzt.

Das Nicht ist wie die Nacht
und wie der Tod
ungewusster Anfang
und schlägt im Sein für uns nur kurz,
so wie ein Blitz,
das Auge auf.
So kommt das Letzte auch uns nur im

Nahen
nah,
und es leuchtet
jetzt."

Nun fragte auch der Mönch:
„Wenn, was du sagst, die Wahrheit wäre,
was bliebe noch
für mich und dich?"

Der Händler sprach:
„Uns bliebe noch,
für eine Zeit,
die Erde."

Noch ein anderes Bild wirkt im Gewissen des Abendlandes weiter und beeinflusst unsere Haltung zu Reichtum und Armut. Vertreten wurde es vor allem im sogenannten Manichäismus. Er ging auf Mani zurück, der im Jahre 267 wie Jesus gekreuzigt wurde. Die Manichäer wurden vom Christentum verfolgt. Ihre Lehre vom Gegensatz des Reiches des Lichtes zum Reich der Finsternis, und in diesem Sinne dem Gegensatz von Körper und Geist wirkt aber im Christentum auf vielerlei Weise weiter. Zum Beispiel in der Armutsbewegung, in vielen religiösen Orden. Auch in sonstigen Versuchen, die Gesetze des Leibes durch Entsagung zu überwinden und statt Menschen zu bleiben wie Engel zu werden. Sie zeigen sich auch heute noch im oft postulierten Gegensatz von Körper und Geist und im gleichen Atemzug im Gegensatz von arm und reich.

Dieses Postulat geht weit bereits in die Zeit vor dem Christentum zurück. Wir finden es zum Beispiel beim griechischen Philosophen Diomedes und der ihm folgenden philosophischen Bewegung der Kyniker, das heißt, die, die wie Hunde leben. Und wir finden es in Persien bei Zarathustra und in seiner Religion des Parsismus. Auch sie unterscheiden zwischen Reichtum und Armut als gut und schlecht.

Wie überwinden wir diese Vorurteile und Bilder? Nur mit einem schlechten Gewissen, mit dem Mut zu einem schlechten Gewissen. Das gelingt uns, wenn wir woanders die Kraft und den Halt gewinnen, reich zu werden und reich zu bleiben. Das heißt, wenn wir in Einklang kommen mit einer Bewegung des Geistes, die jenseits der Unterscheidungen des Gewissens von Gut und Böse, allem, wie es ist, gleichermaßen zugewandt bleibt, weil alles gleichermaßen in seinem Denken seinen Ursprung hat und daher nur so sein kann, wie es ist.

Jede Unterscheidung von Gut und Böse, von Geist und Welt, von Licht und Finsternis, von Engeln und Menschen, von Schuld und Unschuld, von Besser und Schlechter und Arm und Reich erweist sich von daher als anmaßend, weil der Einzelne unter dem Einfluss seines Gewissens meint, er könne und dürfe die Welt anders erschaffen, als sie ist.

Die schöpferische Bewegung dieses Geistes ist eine Bewegung der Liebe für alles, wie es ist. Weil sie eine schöpferische Bewegung ist, geht sie hin auf Mehr statt auf Weniger, hin auf Erfolg statt auf Misserfolg und hin auf Reich statt auf Arm.

Allerdings ist sie eine Bewegung der Liebe. In diesem Sinne ist ihre schöpferische Bewegung eine Bewegung hin zu mehr Liebe, zu einer umfassenden Liebe, zu einer reichen Bewegung hin zum Erfolg für alle. Sie ist eine allen gleichermaßen zugewandte Bewegung, eine Bewegung, die allem gleichermaßen dient.

Reichtum in diesem Sinne ist mehr als ein persönlicher Besitz. Dieser Reichtum dient. Seine Fülle fließt über.

Schuld und Unschuld

Die wichtigsten Vorurteile des Gewissens sind Schuld und Unschuld und was unmittelbar mit ihnen zusammenhängt. Zum Beispiel Sühne und Gerechtigkeit. Diese Vorurteile haben weittragende Auswirkungen, sowohl in unserem persönlichen Leben als auch auf unseren Erfolg oder Misserfolg in unserem Beruf und unseren Unternehmen.

Was ich hier über Schuld und Unschuld sage und über Gerechtigkeit und Sühne, wird für jene verständlich und nachvollziehbar, die sich aus dem Bannkreis des Gewissens lösen konnten und an sich erfahren haben, was es heißt, von einer geistigen Bewegung erfasst zu werden, die jenseits der Unterscheidung von Gut und Böse alles mit der gleichen Liebe ins Dasein bringt und im Dasein hält.

Wer, verständlicherweise, in sich innerlich Einwände gegen das, was ich darüber sage, wahrnimmt, im Sinne von: „Was ist dann mit denen, die....", kann bei sich überprüfen, inwieweit er sich besser als andere fühlt und inwieweit er sie innerlich ablehnt. Dann fühlt er sofort, dass er sich im Bannkreis des Gewissens bewegt.

Ich lade Sie ein, in Ihrem Körper wahrzunehmen, was in Ihnen vorgeht, wenn Sie an dieser Unterscheidung festhalten, zum Beispiel in Ihren Herzen, und was sich verändert, wenn Sie sich einlassen auf eine andere Bewegung, eine Bewegung des Geistes, die allem zugewandt ist, wie es ist, auch allem in Ihnen, und was sich in Ihrem Körper und in Ihrer Umgebung verändert, wenn Sie diesen Bewegungen folgen. Sie lassen also für eine Weile diese Unterscheidungen in der Schwebe, weder dafür noch dagegen. Dabei können sie ebenfalls wahrnehmen, was sich für Sie in Ihrem Beruf verändert oder Ihrem Unternehmen und in Ihrer inneren Kraft.

Nun also zurück zum Gewissen und seiner Unterscheidung von Gut und Böse.

Das Gute gibt es nur, wenn es auch ein Böses gibt. Das Gute nährt sich am Bösen, will es auch, damit es sich von ihm unterscheiden und ihm sich überlegen fühlen kann. Das Gute ist in diesem Sinne die Wurzel des Bösen.

Ich bewege mich hier, wie Sie merken, rein auf der Ebene einer allen zugänglichen Beobachtung.

Was geht unserem Gefühl des Gut-Seins und der Unschuld voraus?

Wir folgen einer Bewegung des Gewissens, das von uns ein Denken und ein Verhalten verlangt, durch dass wir die Sicherheit gewinnen, zu der uns wichtigen Gruppe dazugehören zu dürfen, also in erster Linie zu unserer Herkunftsfamilie. Diese Gewissensbewegung hat für uns eine gute Wirkung. Wir fühlen uns mit ihr wohl und sicher. Dieses gute Gewissen ist ein sanftes Ruhekissen.

Gleichzeitig zwingt mich diese Bewegung, andere aus meiner Zuwendung zu entlassen und auszuschließen, denn würde ich denken und fühlen wie sie und würde ich für gut halten, was sie für gut und richtig halten, würde ich die Zugehörigkeit zu meiner Gruppe aufs Spiel setzen. Sofort bekäme ich ein schlechtes Gewissen, ich würde mich schuldig fühlen.

Dabei mache ich die Erfahrung, als würden Schuld und Unschuld in meiner Hand liegen, als hätte ich es in meiner Hand, mich schuldig oder unschuldig zu fühlen. Mein Gewissen klärt mich darüber auf und bestätigt mir in jedem Augenblick das eine oder das andere. Ich brauche mich nur an ihm zu orientieren und ihm folgen.

Die Sühne

Wenn ich mich schuldig fühle, muss ich etwas tun, damit ich mich wieder unschuldig fühle. Das heißt, ich muss etwas tun, mit dem ich wieder die Sicherheit gewinne, dazugehören zu dürfen, koste es mich, was es wolle. Ich muss mich für das eine entscheiden und das andere ablehnen. Ich bleibe hier Herr meiner Entscheidungen und Herr meines Schicksals – auch der Herr des Schicksals jener, die ich ablehne. Ich werde zu meines Glücks und Ihres Unglücks Schmied.

Unversehens bewegen wir uns hier im Bereich der Gerechtigkeit. Die Gerechtigkeit will das Gute wiederherstellen und das Böse zur Rechenschaft ziehen, um dieses nach der Vorgabe meines Gewissens wieder gutzumachen oder, wenn das nicht gelingt, es auszumerzen.

Dabei bewege ich mich im Einklang mit dem Gott meines Gewissens, der meine Gerechtigkeit will, sodass ich in seinem Namen meine und seine Gerechtigkeit durchsetzen darf und mir seines Lohnes und der Zugehörigkeit zu ihm sicher sein darf.

Hier halte ich einen Augenblick inne.

Mein Gott

Die Frage ist: Gibt es diesen Gott? Kann es ihn geben? Gibt es einen Gott, der mir gehört, und müssen andere, um gerecht sein zu können, meinem Gott folgen und letztlich mir und meinem Gewissen? Ist er wirklich ganz mein Gott, und müssen andere den gleichen Gott haben und ihm folgen, um sich gerecht fühlen zu können? Oder haben sie wie ich ihren eigenen Gott, der hinter ihrem Gewissen steht und der sie gerecht werden lässt, wenn sie ihm folgen und andere ablehnen, sie also uns ablehnen wie wir zuvor sie? Dass sie also für ihren Gott im Recht sind und wir im Unrecht, wir also damit sie sich gerecht fühlen können, von ihnen verurteilt und ausgeschlossen werden müssen?

Hier wird uns die Enge unserer Gewissensbewegungen und die Enge der Gewissensbewegungen der anderen eindrücklich ins Bewusstsein gebracht.

Ich fürchte, Sie könnten hier einwenden, ich hätte mich zu weit von meinem Grundanliegen weg bewegt, etwas über die Vorurteile zu sagen, die dem Erfolg in unserem Beruf und in unseren Unternehmen im Wege stehen. Doch ich bin weiterhin auf diesem Weg und auf ihm schon weit vorangekommen. Also jetzt zu dieser Sache

Sühne als Ausgleich

Hier spielt eine weitere Gewissensbewegung eine entscheidende Rolle. Ähnlich wie im Abschnitt über den Reichtum, hier aber in eine andere, in eine dieser entgegengesetzte Richtung. Beim Reichtum, führte sie zu Erfolg und Gewinn. Hier führt sie zu Misserfolg und zu Verlust.

Diese Gewissensbewegung wacht über den Ausgleich von Nehmen und Geben. Das heißt: Wir haben ein gutes Gewissen, wenn wir nach dem Nehmen auch geben, sodass es zu einem Ausgleich und zur Fortsetzung von Nehmen und Geben kommt, bei dem alle gleichermaßen gewinnen.

Die gleiche Bewegung, nur umgekehrt, gibt es bei der Gerechtigkeit und bei der Schuld. Wir kennen sie als Buße und Sühne.

Was heißen hier Buße und Sühne? Sühne heißt, ich tue mir oder anderen etwas an, das ihnen Leid und Schaden bringt.

Wenn ich für eine sogenannte Schuld sühne, tue ich mir etwas an, was mir weh tut und was mir schadet, damit ich für die Schuld bezahle und durch den mir zugefügten Schaden von meinem Gewissen die Zusicherung bekomme: ich darf wieder dazugehören.

Auf meinen Beruf oder mein Unternehmen bezogen heißt das: ich bezahle mit einem Misserfolg oder sogar mit dem Scheitern meines Unternehmens für eine Gewissensschuld.

Wie wären ich und mein Unternehmen zu retten? Hilft uns dabei unser Gewissen, oder schadet es uns? Hilft die Sühne unserem Leben, oder schadet es ihm? Schadet sie nicht nur unserem Leben, sondern dem Leben von vielen anderen auch?

Der Gott des Gewissens

Ist der Gott, der hinter diesen Gewissensbewegungen als ihr Herr und Meister vorgestellt wird, der Schöpfergott von allem was Ist, und ihm daher zugetan? Kann er sich gegen das stellen, was er, so wie es ist, ins Dasein rief? Oder wurde er von uns zu unserem Gott gemacht, damit er unsere Gewissensbewegungen, so furchtbar und tödlich sie für uns und andere auch sein mögen, rechtfertigt und belohnt?

Mit was belohnt? Mit der Zusicherung, dass wir dazugehören dürfen, zu ihm und zu unserer Gruppe, selbst um den Preis unseres Lebens und von vielen anderen Leben?

Der andere Gott

Ich hoffe, ich habe hier deutlich gemacht, wie sehr das Gewissen der Aufklärung bedarf, einer Aufklärung, die auf der einen Seite seine Wichtigkeit für unsere Beziehungen anerkennt, und auf der anderen Seite seine Grenzen ans Licht bringt. Eine Aufklärung, die das Widersinnige von vielen Forderungen des Gewissens entlarvt und der Anmaßung, mit der es sich an Gottes Stelle setzt und über Leben und Tod und Heil und Unheil für uns nicht nur in diesem Leben, sondern weit über es hinaus für alle Ewigkeit zu entscheiden wagt? Zum Beispiel mit der ewigen Hölle.

Sind Sie nach dieser Vorbereitung bereit, über die Grenzen des Gewissens hinaus nach einem Ausweg zu suchen und die ersten Schritte in eine Richtung zu wagen, die uns in Einklang bringen mit einer schöpferischen Bewegung – ich nenne sie hier Bewegungen des Geistes – die hinter allem gleichermaßen wirkt? Auch hinter unserer Schuld? Auch hinter dem, was ich hier zu vermitteln versuche, im Dienst einer Liebe, die verbindet, was die Gewissensbewegungen aus- und gegeneinander zu bringen versuchen?

Dazu hier einige grundsätzliche Überlegungen, bevor ich zu ihrer praktischen Anwendung mit Bezug auf unseren Beruf und unsere Unternehmen komme.

Die Bewegungen des Geistes

Aristoteles hat beobachtet, dass alles, was da ist, sich bewegt, und er hat beobachtet, dass diese Bewegung letztlich nicht aus ihm selbst, sondern von woanders herkommen muss. Von daher schloss er auf einen Ersten Beweger.

Dieser Erste Beweger muss etwas Geistiges sein, weil alles, was sich bewegt, sich sinnvoll bewegt, im Einklang mit vielem anderen, das sich mit ihm bewegt, in einem sinnvollen Zusammenspiel. Wir können uns jedoch nicht vorstellen, dass es vor oder neben dieser geistigen, alles bewegenden Macht etwas anderes gab, das er bewegt, also dass diese Macht ein Zweites wäre, das zu einem, das vor ihm da war, hinzukommt. Sonst wäre dieses andere das Erste. Alles, was diese Macht bewegt, kommt allein durch sie ins Dasein. Sie ist die schöpferische Macht, von der alles sein Dasein hat und durch sie in seine Bewegung kommt.

Wie ist das für uns denkbar? Es kommt ins Dasein, weil diese geistige Macht es denkt, weil sie es denkt und will, wie es ist. Sie denkt es und bewegt es schöpferisch.

Was ergibt sich daraus?

1. Es ist nicht vorstellbar, dass es für diesen schöpferischen Geist etwas geben kann, was ihm entgegensteht, oder das er ablehnen könnte, oder das ihm verlorengeht. Wohin auch könnte es gehen und fallen, außer zurück zu ihm, seinem Ursprung?
2. Kann sich etwas über diesen schöpferischen Geist erheben, ihn zu Beispiel beleidigen? Kann etwas durch das, was es tut, einen Lohn verdienen oder eine Strafe, da sich doch nichts von

sich aus auf eine Weise bewegen kann, die es näher zu ihm oder von ihm weiter wegführen kann?

3 Kann es vor diesem Geist eine Schuld oder eine Unschuld geben? Kann jemand einem anderen ein Leid antun oder ihm das Leben nehmen, ohne dass dieser Geist es will und es durch ihn bewirkt?

Gibt es in diesem Sinne einen Täter und ein Opfer? Geht es dem einen vor diesem schöpferischen Geist schlechter und dem anderen besser?

4. Dürfen wir annehmen, dass Werden und Vergehen einmalig sind, wo doch alles Leben weitergeht, weil das eine geht und das andere kommt? Ist also das, was geht und gehen muss, weniger im Einklang mit dieser schöpferischen Bewegung und kann es aufhören, als wäre es mit ihm nach seiner Zeit in dieser Welt vorbei?

5. Wir können beobachten, dass jeder Fortschritt sich aus dem Zusammenwirken einander entgegengesetzter Bewegungen ergibt. Dass also dieser schöpferische Geist sich dieser Gegensätze und ihrer in unterschiedliche Richtung weisenden Bewegungen bedient, um sie später so zusammenzuführen, dass beide gleichermaßen, wenn auch auf unterschiedliche Weise ihm zu Diensten stehen? Zum Beispiel der Mann und die Frau beide auf ihre andere Weise? Dass also das sogenannte Gute und das sogenannte Böse gleichermaßen von ihm gewollt sind und dienen?

6. Dürfen oder können wir dann das eine rühmen und für gut finden, und das andere, das sich entgegenzustehen scheint, be-

dauern oder bereuen? Müssen wir uns nicht dem einen wie dem anderen fügen und es im Einklang mit dieser schöpferischen Bewegung bejahen, was immer es uns abverlangt und den anderen auch?
7. Dürfen wir mit einem anderen Mitleid haben in dem Sinne, als wäre er in dem, was ihm widerfährt, weniger in den Händen dieser schöpferischen Macht oder weniger von ihr geführt?

Hier erhebt sich für viele die Frage: Was ist dann mit unserem freien Willen?

Auch er ist eine Bewegung des Geistes, was immer wir mit ihm entscheiden. Auch er kann weder für noch gegen diese Bewegungen sein.

Eine andere Frage ist: Was ist mit denen, die im Bannkreis des guten und des schlechten Gewissens bleiben? Sind sie von den Bewegungen dieses Geistes getrennt?

Auch sie gehören als zu ihm im Gegensatz stehend, notwendigerweise zu dem, was am Ende das Neue ermöglicht und erzwingt.

Hier höre ich mit diesen Überlegungen auf und bringe ein Beispiel.

Der entscheidende Schritt

In Hongkong stellte eine Frau eine Vertreterin für ihr Unternehmen auf, und ihr gegenüber eine Stellvertreterin für sich selbst. Die Vertreterin für das Unternehmen schaute auf den Boden, was darauf hinweist, dass sie auf eine Tote schaute. Als ich eine

Stellvertreterin für eine Tote sich vor das Unternehmen mit dem Rücken auf den Boden hinlegen ließ, zog es das Unternehmen zu dieser Toten, es kniete sich zu ihm hin. Die Stellvertreterin der Frau zog es ebenfalls zu dieser Toten, auch sie kniete sich zu ihr hin.

Es war offensichtlich, weder das Unternehmen noch diese Frau hatten Aussichten auf einen Erfolg. Beide zog es in die Tiefe und letztlich zu einer Toten.

Hier brach ich die Aufstellung ab. Das Unternehmen und die Frau bewegten sich innerhalb der Grenzen des Gewissens und es zeigte sich weder für die Frau noch für ihr Unternehmen eine Lösung im Sinne des Erfolgs.

Als ich die Frau fragte, wer die Tote sei, zeigte sich, auch in ihren Bewegungen, dass diese ein abgetriebenes Kind vertrat. Wir bewegten uns in dieser Aufstellung voll im Bannkreis des Gewissens und im Bannkreis von Schuld und Sühne. Einen Ausweg gab es innerhalb des Gewissens weder für die Frau noch für ihr Unternehmen. Beide wollten zu einer Toten, was letztlich heißt, beide wollten sterben. Hier zeigte sich, dass ein Unternehmen eine Seele hat und sich wie eine Person verhält und verhalten muss.

Nun wechselte ich die Ebenen. Ich führte die Frau über die Grenzen ihres Gewissens hinaus auf die Ebene des Geistes. Was heißt das hier?

Ich ließ die Frau aufstehen und legte vor sie noch einmal die Stellvertreterin für diese Tote. Ich forderte die Frau auf, über diese Tote hinweg auf ein fernes weißes Licht zu schauen, und dann, sobald sie in sich die Kraft dazu spürte, einen Schritt über diese Tote hinwegzuschreiten, ohne zu ihr hinunterzuschauen.

Nach einer Weile gelang ihr dieser Schritt. Sie machte noch mehr Schritte nach vorn und fühlte sich auf einmal voll in ihrer Kraft. Sie war aus dem Bannkreis ihres Gewissens herausgetreten und bereit, mit ihrem Unternehmen dem Leben zu dienen, dem Leben erfolgreich zu dienen.

Anschließend fragte ich noch die Stellvertreterin für diese Tote, wie es ihr ging. Sie fühlte sich erleichtert und im Frieden.

„Ich an deiner Stelle"

Hier noch ein weiteres Vorurteil des Gewissens, das dem Erfolg im Wege steht und ihn vereitelt.

In unserer Herkunftsfamilie und in allen anderen Gruppen wirkt noch ein zweites Gewissen, uns in unserer Kultur jedoch weitgehend unbewusst. Dieses Gewissen verweist jeden auf seinen eigenen Platz, wie er ihm in der Reihenfolge der Zugehörigkeit zu dieser Gruppe zukommt. Dieses Gesetz verlangt, dass die später Dazugekommenen anerkennen, dass die, die vor ihnen zu dieser Gruppe gehörten, einen Vorrang haben und dass sich niemand, der später hinzukam, herausnehmen darf, für die, die vor ihm da waren, eine Verantwortung zu übernehmen in dem Sinne, dass er sie retten will, dass er ihnen damit ihr Schicksal abnehmen und in letzter Konsequenz, dass er an ihrer Stelle sterben will.

Kinder sagen zum Beispiel zu ihrer Mutter, wenn sie sehen, dass diese gehen oder sterben will: „Ich an deiner Stelle." Sie sagen das innerlich, ihnen selbst weitgehend unbewusst, und dennoch mit allen Konsequenzen. Sie sagen es mit Liebe, im Einklang mit jenem Gewissen, das wir als Schuld und Unschuld fühlen, und fühlen sich dabei gut und groß. Vor allem fühlen sie, dass sie sich dadurch ein größeres Recht auf die Zugehörigkeit zu dieser Familie erwerben, selbst über den eigenen Tod hinaus. Diese Gewissensbewegung, das Vorurteil dieser Gewissensbewegung treibt sie in den Tod.

Es ist leicht vorstellbar, was mit ihnen in ihrem Beruf geschieht oder in ihren Unternehmen, sollten sie es überhaupt soweit bringen. In der Regel hören sie vorher auf, etwas erreichen zu wollen und schließen sich der großen Gruppe der Untauglichen an, wartend, dass es mit ihnen zu Ende geht, glücklich mit ihnen zu Ende geht. Denn der Glaube an das Versprechen ihres Gewissens, dass sie sich ein besonderes Recht der Zugehörigkeit in ihrer Gruppe erwirkten, hat in ihrer Seele vor jedem anderen Erfolg Vorrang.

Dieses Verhalten und den Vorrang der Zugehörigkeit zur eigenen Gruppe, selbst um den Preis des Lebens, finden wir bei den Tragödien. Der Held, der stirbt, übernimmt etwas für solche, die vor ihm da waren. Er erhebt sich über sie, fühlt sich in der größeren Liebe – und scheitert. Denn das Gesetz der Rangfolge, dass kein Späterer sich über einen Früheren erheben und für diesen etwas übernehmen darf, ist ein eisernes, ein quasi göttliches Gesetz. Seine Beachtung ist ein Grundgesetz für jeden Erfolg und seine Nichtbeachtung, oft weil es nicht einmal bekannt ist, führt zu Misserfolg und Verlust in vielen Unternehmen.

Dazu ein Beispiel.

Ich folge dir nach

Ein 14-jähriger Junge wollte in der Schule nicht mehr lernen. Er hatte sich darauf eingestellt, ein Versager zu werden.

In einer Aufstellung stand er mit seiner Lehrerin seiner Mutter und seinem Vater gegenüber. Es war also eine Aufstellung mit den wirklichen Personen. Als ich ihn ansah, sah ich seine Trauer und sagte zu ihm: „Du bist traurig." Sofort flossen ihm die Tränen herunter und seiner Mutter auch. Ich sah, er weinte die Tränen seiner Mutter. Sie war es, die Grund hatte zu weinen.

Die Mutter hatte eine Zwillingsschwester, die kurz nach der Geburt starb. Ich stellte eine Stellvertreterin für diese Zwillingsschwester dazu, etwas abseits mit dem Blick nach draußen, sie war ja gegangen. Dann stellte ich die Mutter hinter ihre Zwillingsschwester und fragte sie, wie es ihr gehe. Sie sagte: „Hier geht es mir gut." Im Grunde sagte sie zu ihrer Zwillingsschwester innerlich: „Ich folge dir nach."

Das ist noch eine weitere Bewegung des Gewissens, die weg vom Leben und vom Erfolg führt. Auch in ihr zeigt sich, dass die Zugehörigkeit zu einer geliebten Person für das Gewissen Vorrang vor dem eigenen Leben hat, dass also auch diese Bewegung über das Leben hier hinausgeht.

Für die Mutter ging diese Bewegung nicht soweit. Sie hatte einen Sohn, der ihr, als er ihre Bewegung in den Tod in seiner Seele wahrnahm, innerlich sagte: „Ich an deiner Stelle."

Ich stellte nun den Sohn hinter die tote Zwillingsschwester seiner Mutter und fragte ihn, wie es ihm dort gehe. Er sagte: „Hier geht es mir gut." Als ich die Mutter fragte, wie es ihr ging, als der Sohn hinter ihrer Zwillingsschwester stand, sagte sie: „Jetzt geht es mir besser."

Was bringt dieses Beispiel über die Berufsversager ans Licht? Sie sagen einer geliebten Person: „Ich an deiner Stelle." Ihr Versagen ist also eine Gewissensbewegung. Es folgt dem Vorurteil: „Durch Versagen gehöre ich dazu." Ich gehöre zu einer geliebten Person, die am Leben bleibt, wenn ich gehe."

Vorher jedoch, hier bei der Mutter dieses Jungen, schwang in ihrer Sehnsucht, der geliebten Zwillingsschwester in den Tod nachzufolgen die gleiche Gewissensbewegung mit: „Wenn ich sterbe, gehöre ich dazu, ich werde mit ihr wieder eins." Dahinter schwang die Vorstellung mit, dass es auch diesen Toten besser geht, wenn wir mit ihnen im Tod vereint werden. Ihr Tod wird in dieser Bewegung verleugnet, als ginge nach ihrem Tod ihr Leben weiter wie hier.

Was wäre hier die Lösung, was war in dieser Aufstellung die Lösung? Statt dass sich die Mutter mit der Toten im Tod vereint, wurde die Tote in die Familie der lebenden Zwillingsschwester gebracht. Ich stellte also die tote Zwillingsschwester in dieser Aufstellung neben die Mutter. Alle waren auf einmal glücklich.

Dann bat ich die Mutter, ihren Sohn anzuschauen und ihm zu sagen: „Jetzt bleibe ich, und ich freue mich, wenn du bleibst."

Der Sohn strahlte über sein ganzes Gesicht. Seinem Erfolg stand nichts mehr im Wege.

Die Lösung ergab sich hier aus einer Gewissensbewegung, indem die ursprüngliche, die in den Tod führte, umgekehrt wurde.

Alle konnten mit einem guten Gewissen am Leben bleiben, sie konnten mit einem guten Gewissen erfolgreich am Leben bleiben und im vollen Leben stehen.

„Ich hier, du dort"

Wie ist es, wenn ein Kind, das in die Bewegung „Ich an deiner Stelle" verstrickt ist, in sich diese Gewissensbewegung wahrnimmt, oft mit Hilfe von außen, aber nicht weiß, wie es sich aus ihr lösen kann? Wie kann sich ein solches Kind aus der Verstrickung in ein anderes Schicksal befreien und zu einem Gewinner werden? Was ist also mit denen, für die es innerhalb des Gewissens keinen Ausweg gibt, weil jene, an deren Stelle sie unglücklich werden und an deren Stelle sie krank werden und sterben wollen, auf ihrem Weg nicht aufzuhalten sind? Was wäre für sie die Lösung?

Sie verzichten auf die Zugehörigkeit zu dieser Person und zu dieser Gruppe. Sie entrinnen dem Vorurteil ihres Gewissens und werden von ihm unabhängig. Sie werden von ihm unabhängig und gleichzeitig einsam. Manche versuchen es, indem sie dieser Person innerlich sagen: „Auch wenn du gehst, ich bleibe."

Die Frage ist: Werden sie dadurch wirklich frei? Wird es ein wirklicher Abschied, oder ist es ein Abschied mit Schmerzen und Trauer? Gelingt er ihnen?

Der ganze Abschied, ein leichter Abschied, gelingt ihnen auf der Ebene des Geistes, im Einklang mit einer schöpferischen Bewegung, die in jedem Augenblick sagt: „Siehe, ich mache alles neu." Sie macht alles neu für alle, für uns und für jene, die gehen wollen und sogar gehen müssen.

Der innere Satz, mit dem uns dieser Abschied gelingt, lautet: „Ich hier, du dort." Dieser Satz kommt aus einer tiefen Achtung und Ehrfurcht, sowohl für ihr als auch für unser Schicksal.

Wohin geht diese Achtung und Ehrfurcht? Sie richtet sich an diesen schöpferischen Geist. Sie ist Hingabe an ihn. Sobald uns diese Hingabe gelingt, wird unsere Achtung und Ehrfurcht, Achtung und Ehrfurcht vor dem je Eigenen bei uns und bei anderen, und zur Liebe für sie für und uns.

Doch ohne Bindung. Wir sind frei und sie sind frei. Mit ihnen verbunden und eins sind wir zugleich allein und mit vielen anderen, ebenfalls auf diese Weise allein, im Dienste dieses Geistes und im Dienst des uns und ihnen von ihm geschenkten und jedem anders vorgegebenen Lebens.

Frei werden wir durch eine andere Liebe, die alles und jedes achtet und liebt, wie es ist, und die es achtet und liebt, wie es in Zukunft werden kann. Ohne Vorurteil, ohne Bindung, ohne Vergangenheit, im Hier und Jetzt erfolgreich da, immer mehr, nach vorne gerichtet auf eine wachsende Fülle hin erfolgreich da.

Diese andere Liebe ist pralles Leben, dienendes Leben, mitschöpferisch im Einklang mit der Liebe, die alles will, wie es kommen will, erfolgreich kommen will, das, weil wir ihm dienen wollen, wirklich werden kann und wirklich wird: schöpferisch wirklich, für uns und viele zugleich.

Gesammelt

Mit Bezug auf unseren Erfolg heißt gesammelt: Alle Kräfte bleiben gesammelt auf ein Ziel ausgerichtet, das es zu erreichen gilt, ohne dass wir uns durch Nebensächliches aufhalten oder ablenken lassen. Der Erfolg wird durch eine gesammelte Leistung auf das Wesentliche hin erreicht.

In diesem Sinne sammeln wir über unsere eigenen Kräfte hinaus die Mitarbeiter und Bundesgenossen, die wir zur Erreichung dieses Zieles als gewonnen haben. Wir sammeln auch ihre Kräfte und Fähigkeiten und richten sie auf dieses Ziel.

Die gesammelte Kraft macht Freude. Der Erfolg scheint bereits in den einzelnen Schritten auf und spornt uns an. Durch diese Sammlung geht die Arbeit auch dort, wo sie schwer erscheint, leicht voran.

Allerdings müssen wir, da es ja unser Projekt und unser Erfolg sein soll, die anderen gesammelt führen. Das heißt: Niemand ist vor uns, alle sind hinter uns. Wir führen, sie folgen. Ohne Führung, ohne die gesammelte Führung, lösen sich die einzelnen Kräfte auf und gehen eigene Wege. Sie verlieren das gemeinsame Ziel aus den Augen. Sie verzögern es und statt nach vorne schauen sie auf sich. Die gesammelte Führung ist daher zugleich straff. Nur wer mitgeht, darf bleiben.

Das ist die andere Seite der Sammlung. Sie sondert die Spreu vom Weizen. Nur wer dem Ziel dient, marschiert mit.

Wer auf diese Weise unser Ziel gesammelt miterreichen will und seine Kraft gesammelt für es einsetzt, wird auch für sich erfolgreich. Er wächst an dieser Aufgabe oft sogar über sich hinaus. Er gewinnt Ansehen, erfährt sich von vielen geschätzt und von ihnen gefragt. Er steigt in Führungspositionen auf und sammelt andere um sich, denen er vorangeht.

Gesammelt blicken wir nach vorn, nur nach vorn. In diesem Sinne macht die Sammlung uns frei. Sie macht uns frei für das, was vor uns liegt, ohne dass uns etwas, was vorbei ist, zurückzwingt.

Alles Schöpferische ist ganz auf den Erfolg gesammelt. Gesammelt überwindet es alles, was auf ihn wartet statt ihn zu leisten.

Die Sammlung beginnt im Geiste. Sie ist wach, nimmt vieles gleichzeitig wahr und erfasst im Augenblick, was als Nächstes zählt.

Gesammelt hält diese Sammlung inne, wenn vieles auseinanderdriftet. Sie wartet, ohne ihm nachzugehen, bis es sich erschöpft und von sich aus zurückkommt. Sie sammelt die zerstreuten Kräfte, soweit sie zurückzukehren bereit waren, und nimmt sie erneut mit auf ihr klar erkanntes Ziel. Auch hier, ohne zurückzuschauen. Sie geht immer weiter.

Wenn wir uns auf ein Ziel eingestellt haben, das etwas Wertvolles verheißt, zieht es uns an. Nur jene Ziele, die dem Leben von vielen dienen, haben diese Anziehungskraft. Das Ziel kommt also von sich aus gesammelt auf uns zu.

Wenn es uns auf eine Weise anzieht, dass wir uns in unserer Bewegung gesammelt auf es hin erfahren, wissen wir uns im Einklang mit Kräften, denen wir mit diesem Ziel dienen. Zugleich erfahren wir uns auf etwas über dieses Ziel hinaus gesammelt, gewinnen von daher die entscheidende Kraft, eine schöpferische Kraft, die uns anzieht und mitnimmt, die uns erfolgreich mitnimmt, mächtig mitnimmt, voll im Leben mitnimmt, die uns frohen Mutes mitnimmt, kraftvoll, erfüllt und glücklich zugleich.

Eile mit Weile

Die Zeit eilt, doch sie eilt mit Weile. Sie hat immer Zeit, Zeit genug. Auch wir haben Zeit, wenn wir mit der Zeit gehen.

Wieso eilen wir? Weil wir meinen, unsere Zeit sei begrenzt. Aus dem gleichen Grund treiben wir andere zur Eile an.

Was geschieht in diesem Augenblick? Ihnen und uns läuft die Zeit davon.

Der Erfolg kommt mit der Zeit und er geht mit der Zeit. Mit welcher Zeit? Mit jener Zeit, die Zeit hat.

Alles, was von innen her wächst, hat Zeit. Nichts hat mehr Erfolg, als was wächst und wachsen darf. Sein Erfolg ist vorgezeichnet und kommt von daher sicher zu seiner Zeit. Manchmal greifen Kräfte von außen ein und machen seinen Erfolg zunichte. Zum Beispiel ein Unwetter. Damit ist seine Zeit vorbei, manchmal für immer. Dann beginnt für etwas anderes seine Zeit, zu seiner rechten Zeit.

Unser Erfolg folgt den Gesetzen der Zeit. Wie die Zeit, geht er nach vorne. Als Erfolg geht er weiter. So wie die Zeit mit der

Zeit mehr wird, wird es unser Erfolg. Keine Zeit schaut zurück. Wir schauen manchmal zurück, doch nie die Zeit. Sie kommt immer neu.

Was machen wir, wenn die Zeit drängt? Die Frage ist: Wer drängt hier? Jemand oder wir, die meinen, die Zeit sei gegen uns und sie würde uns verlassen, uns im Stich lassen, wenn wir sie nicht in die Hand nehmen. Doch die drängende Zeit ist selten die rechte Zeit. Zudem ist sie immer vorläufig.

Gerade, wenn wir es eilig haben, verzögert sich die Zeit. Die volle Zeit ist langsam. Sie ist bedächtig und bedacht.

Wir sagen manchmal: Zeit ist Geld. Was für ein Geld? Wir sagen und handeln nach der Vorstellung: Je weniger Zeit und je kürzer die Zeit, desto größer der Gewinn. Mit ihm wird uns zugleich mehr Zeit geschenkt.

Wir möchten unsere die Zeit sparenden Errungenschaften auf keinen Fall missen. Die Frage ist: Geben sie uns mehr Weile? Erfahren wir mit ihnen unsere Zeit länger oder kürzer? Oder erfahren wir sie so übervoll, dass wir uns nach Muße sehnen, nach einer gesammelten Zeit?

In der gesammelten Zeit hört die Eile auf. Sie ist die schöpferische Zeit. In ihr kommen wir zu uns selbst, wie immer andere uns und wir sie zur Eile drängen.

In der Sammlung steht die Zeit für eine Weile still. Dennoch ist sie in Bewegung. Sie ist in einer anderen Bewegung, die uns in der Weile mitnimmt für etwas, das bleibt.

Die drängende Zeit läuft an uns vorbei. So wie sie kommt, vergeht sie, ohne dass von ihr was bleibt.

Dennoch, das Viele und das Bleibende wirken zusammen, auch das Drängende mit dem Verweilenden. Wir verweilen gesammelt, wenn wir auch dem Drängenden zustimmen, beidem zu seiner Zeit.

Verweilt auch unser Erfolg? Unser Erfolg hört auf, wenn wir bei ihm verweilen. Denn er will weiter, gesammelt weiter, mit Weile weiter, dienend weiter, wachsend weiter, im Einklang mit etwas Bleibendem weiter, zuversichtlich weiter, jenseits der Zeit mit etwas Ewigem Neuen eins.

Gewinnen durch Lassen

Lassen heißt hier: wir lassen den Dingen eine Zeitlang ihren Lauf, wie sie sich von sich aus bewegen, ohne in ihn einzugreifen, bis sich von sich aus zeigt, wohin sie sich bewegen.

Bewegen sie sich von uns weg, ohne dass wir sie zu lenken versuchten, lassen wir sie gehen. Das heißt: wir lassen sie los. Weil wir sie ihren Weg gehen lassen, werden wir für etwas anderes frei.

Je mehr wir von dem lassen, was uns nach einer Weile eher belastet statt weiterzuhelfen, desto bereiter werden wir für das Wesentliche, das zählt. Obwohl es manchmal von außen her gesehen weniger zu sein scheint, bringt es uns und anderen im Laufe der Zeit mehr.

An was erkennen wir, ob etwas von uns weg und woanders hin will?
1. Es macht uns Sorgen. Wir wissen nicht, wie mit ihm umzugehen. Immer neue Hindernisse türmen sich auf und weisen auf vielerlei Weise darauf hin, dass wir mit diesem Projekt auf Dauer in keine wechselseitige gute Beziehung kommen können.
2. Uns vergeht an diesem Projekt die Lust. Wenn wir an es denken, spüren wir körperlich einen Druck in der Brust oder auf den Schultern eine Last, die uns eher niederdrückten statt zu beschwingen.
3. Wenn wir uns vorstellen, dass wir von diesem Projekt lassen, atmen wir innerlich auf und finden zurück in unsere Zuversicht und Kraft.

Ein Projekt oder ein Produkt verhält sich zu uns wie eine Person, als hätte es eine Seele und eine ihm vorgegebene Bestimmung und Zeit. Als sei ein Projekt oder ein Produkt etwas Lebendiges, das einen Anfang hat, zu seiner Reife kommt, langsam weniger wird, bis es endet. Es macht zu seiner Zeit für das Nächste, für etwas Anderes und Neues Platz.

Eine weitere Überlegung wäre: Fügt dieses Projekt und Produkt dem Bisherigen etwas hinzu oder nimmt es ihm auf Dauer etwas weg? Dient es dem Früheren, so dass dieses sich an ihm freut und an ihm wächst, ohne ihm etwas wegzunehmen? Oder muss das Frühere dem neuen Projekt und Produkt auf eine Weise dienen, durch die es weniger wird und durch dieses Neue etwas Entscheidendes einbüßt? Oder gewinnt das Bisherige, indem es das scheinbar Verlockende loslässt, Zugang zu etwas, das ihm mehr entspricht und an dem es wächst, ohne von ihm belastet zu sein?

Noch eine Frage müssen wir uns stellen. Wie reagiert unsere Umgebung auf dieses von uns anvisierte Neue? Wird es willkommen geheißen? Passt es in unsere Umgebung hinein und bringt es sie weiter?

Wie sonst auch in unserem Leben, kommt es hier ebenfalls darauf an, dass wir in Einklang kommen mit einer Bewegung, die vielem zugleich dient, die vieles zusammenführt in einer Wechselwirkung, bei der alle gewinnen.

Was also wäre hier die eigentliche Frage? Die Frage wäre: Dient unser Projekt und unser Produkt dem Leben von vielen mit Liebe?

Wunder

Wunder geschehen. Auf einmal fügen die Umstände sich so glücklich zusammen, dass wir uns wundern, wieso und woher sich alles in die gleiche Richtung bewegte und etwas, was wir zuerst für unmöglich hielten, am Ende erfolgreich gelang. Oder wenn wir, wo alles schon verloren schien, der Gefahr auf eine an ein Wunder grenzende Weise entkamen.

Solche Wunder begleiten uns auf Schritt und Tritt im Leben und in unserem Beruf. Wir erfahren sie als ein Geschenk des Himmels, wie wenn andere, unser eigenes Können und unsere eigene Einsicht übersteigenden Kräfte unser Handeln begleiteten und im entscheidenden Augenblick uns trugen und führten.

Unsere Erfolge fügen sich ein in eine Bewegung, die unsere Grenzen übersteigt. Diese Bewegung handelt mit uns, wo wir handeln, und sie hält uns auf, wo wir zu weit zu gehen drohen. Sie hält Unheil von uns ab, im Kleinen wie im Großen, wenn auch zuweilen um einen hohen Preis.

Unsere Erfolge sind mehr als unsere Erfolge. Sie zwingen uns, damit sie weitergehen, anderen Kräften zu vertrauen und ihnen mit ihnen im Einklang zu dienen.

Diese Kräfte sind schöpferische Kräfte. Die Frage ist: Wie kommen wir mit ihnen in Einklang und wie bleiben wir mit ihnen im Einklang?

Wir kommen im Dienst des Lebens mit ihnen in Einklang, im Dienst des Lebens mit Liebe.

Dabei decken wir einen Teilbereich ab, bleiben also bei unseren Leisten, manchmal eng und manchmal weit. Wir wechseln sie auch, doch ohne sie gegeneinander auszuspielen. Rilke sagt dazu in seinem Gedicht „Der Schauende":

„*Das Ewige und Ungemeine*
will nicht von uns gebogen sein."

Wir erkennen sein Wirken überall an – und seinen Erfolg – im einen wie im anderen wunderbar und neu.

Unverhofft

Das Unverhoffte überrascht. Zum Beispiel ein unverhoffter Besuch, oder wenn etwas unverhofft gut ausgeht. Plötzlich fügt sich etwas, über unsere Erwartungen und gegen unsere Ängste. Dann sagen wir: „Es ist noch mal gut gegangen."

Wir stellen uns im Lauf der Zeit auf vieles Unverhoffte ein. Wie? Mit Zuversicht. Oft zwingt die Zuversicht etwas gegen alle Hoffnung herbei. Die Zuversicht beschwingt.

Das Gleiche gilt umgekehrt für die Furcht. Sie lähmt unseren Schwung. Sie redet das, was wir fürchten, herbei. Es kommt dann, als sei es heimlich erhofft.

In diesem Sinne beginnen die großen Erfolge innen in unserem Geist, auch viele Misserfolge. Die Zuversicht und die Furcht setzen etwas in Gang. Mit ihnen befinden wir uns bereits auf dem Weg, zum einen wie zum anderen.

Der unverhoffte Erfolg ist mehr als wir zu hoffen wagten. Allerdings ist er immer nah. Er kommt unverhofft in diesem Augenblick. Daher stellen wir uns im Augenblick sofort auf ihn um. Wir sagen dann: „Wir fassen die Gelegenheit beim Schopf."

Unverhofft kommt uns oft eine entscheidende Einsicht. Nach einiger Zeit kommen solche Einsichten laufend, weil wir ihrer durch unsere Zuversicht sicher sind, wenn wir sie brauchen. Sie kommen unverhofft zu uns wie tiefes Glück. Mit unserer Zuversicht begegnen wir ihm auf Schritt und Tritt.

Auf diese Weise werden wir oft für andere ein unverhofftes Glück, schon dadurch, dass unsere Augen leuchten, wenn wir ihnen begegnen.

Mit dem Glück geht mit uns unser Erfolg. Denn das Glück, das wir für andere werden, ist unser schönster Erfolg. Er strahlt von ihnen auf uns zurück.

Auch die Dinge, die wir anfassen, die Aufgaben, die wir meistern, alles, was wir glücklich zustande bringen, scheinen auf uns zurück. Sie kommen uns entgegen, geglückt entgegen, oft auf eine Weise, dass wir staunen. Ihr Erfolg und unser Erfolg werden ein und dasselbe. Sie werden mehr als wir und sie zu hoffen wagten. Zum Beispiel unsere Gesundheit und das Glück der Liebe.

Das Licht

Das Licht sehen wir nicht. Wir sehen nur, was es erleuchtet, und wir sehen das, aus dem es strahlt. Zum Beispiel ein leuchtendes Gesicht, ein Licht von innen. Auch die Erleuchtung oder eine Einsicht sind ein Licht von innen.

Manches Licht ist grell, so hell, dass es blendet. Es macht eher blind statt sehend. Es verhüllt, statt dass es zeigt. Wir schließen vor ihm die Augen.

Das sanfteste Licht leuchtet uns beim Übergang vom Tag in die Nacht, in der Dämmerung. Die Sonne ist schon untergegangen und die Nacht bricht herein. Tag und Nacht sind fast schon eins.

Dann beginnt für uns in unserem Inneren ein anderes Licht zu leuchten. Dieses Licht leuchtet in der Finsternis. Manchmal plötzlich und kurz wie ein Blitz. Manchmal hell, trotz der Nacht, wenn der Mond das Licht der Sonne, obwohl sie bereits unterging, widerscheinen lässt. Zuerst kaum, dann zunehmend und abnehmend, bis auch sein Licht dunkel wird und nur die fernen Sterne blinzeln.

Es gibt für uns keine Finsternis ohne in weiter Ferne noch ein Licht, ein Lichtblick.

Das Licht in der Finsternis, weil zugleich unendlich weit von uns entfernt, dringt in unsere Seele besonders tief. Wir werden vor ihm bescheiden und klein.

So ergeht es uns mit unseren Erfolgen. Manchmal blenden sie und wir schließen vor ihnen, von ihnen überwältigt, die Augen. Nach dem Erfolg des Tages, wenn die Sonne sinkt, lassen wir sie zunehmend los und bereiten uns auf die Finsternis vor, auf die Nacht.

Doch diese Nacht ist niemals finster. In ihr leuchtet ein Widerschein der untergegangenen Helle. Manchmal plötzlich, für einen Augenblick, wie ein naher Blitz mit lautem, nachhallendem Donner. Manchmal wie ein aufgehender und wieder schwindender Mond, und am Ende immer noch die unendlich fernen uns unerreichbaren wandelnden und scheinbar fixen Sterne.

Auf einmal erfahren wir uns woanders aufgehoben, gesammelt und still, und mit uns jeder Erfolg. Er geht woanders mit uns auf, wesentlich auf, Licht vom Licht, nur widerscheinend und dennoch da, vollendet da.

Besitzerstolz

Unsere Errungenschaften zeigen wir gerne her. Wir lassen andere an unserer Freude über sie teilnehmen. Wenn sie sich darüber freuen, freuen wir uns umso mehr.

Geben wir damit an? Selbstverständlich geben wir an. Auch ein Baum gibt an, reich beladen überquellend mit der Errungenschaft eines Jahres im Herbst, wenn seine Früchte fallen, ihm und vielem anderen Leben dienend.

Wäre uns ein halbwelker Baum mit seiner kargen Ernte lieber? Kann er uns mehr Freude machen? Denkt er überhaupt daran? Freuen wir uns, wenn andere uns ihre Armut zeigen oder ihre Nachlässigkeit, mit der sie etwas verkommen lassen, ohne Pflege, schmutzig und verfallen? Wäre es für uns ein Ansporn? Lädt es ein, es ihnen nachzutun?

Wer auf seine Errungenschaften stolz ist, kümmert sich um sie. Er pflegt und erhält sie und er mehrt sie. Sie spornen ihn zu noch größeren Errungenschaften an.

Anders ist es, wenn jemand sie vor anderen verbirgt, weil er Angst hat, dass sie ihm seine Erfolge neiden. Mehrt er sie noch? Besitzt er sie nur und bleibt auf ihnen hocken wie Fafner, der Wurm, in Wagners Oper Siegfried, auf dem Nibelungenschatz? Hatte er Freude an ihm? Machte er anderen eine Freude mit ihm? War er mit ihm wirklich reich?

Wer auf seinen Besitz stolz ist und auf das, was er mit ihm geleistet hat, lässt andere an ihm teilhaben. Er gibt von ihm reichlich aus. Er zieht andere mit seinem Stolz an und mit dem, was er zu bieten hat und bietet. Sie bewundern ihn.

Eine andere Frage ist: Was geht in uns vor, wenn wir auf unsere Errungenschaften stolz sind?

Wir fühlen uns innerlich weit, wie überfließend, umso mehr, wenn wir sie mit anderen teilen. Dieser Besitzerstolz ist Lebensfreude, die mitreißt, er ist Lebensfreude, die überfließt.

Es gibt auch einen geistigen Besitzerstolz, an dem wir uns freuen und an dem wir viele teilhaben lassen. Es ist der Stolz auf ein besonderes Können. Zum Beispiel wenn einem ein Kunstwerk gelingt oder ein Musiker sein Instrument vollkommen beherrscht. Nur weil er auf sein Können stolz ist, zieht er mit seinem Spiel andere an, stolz, weil er ihnen etwas vorspielen kann, ihm und ihnen zur Freude.

Besonders schön zeigt sich der Besitzerstolz bei Eltern, wenn sie sich mit ihren Kindern zeigen. Sie sind ihre größte Errungenschaft. Ihr Besitzerstolz ist Liebe. Nicht weil sie besser als andere Eltern sind. Alle Eltern sind gleich gut. Sie haben den gleichen Grund, auf ihre Kinder stolz zu sein.

Wie geht es den Kindern, wenn ihre Eltern auf sie stolz sind? Sie strahlen und fühlen sich umso inniger mit ihnen verbunden, erfolgreich verbunden.

Von Gott wird in der Bibel gesagt: „Gott sah alles, was er gemacht hatte, und siehe, es war sehr gut." Was für ein Besitzerstolz, was für eine Liebe!

Dürfen wir es ihm nachtun, stolz zu sein nach seinem Bild? Überfließend stolz zu sein, mit Liebe für alles, was uns gelang?

Dankbar stolz zu sein, glücklich mit seinem Schöpfungswerk eins, eins mit seinem Besitzerstolz?

Jetzt

Das Jetzt ist eine Zwischenzeit – so wenigstens scheint es uns – zwischen dem, was kommt und dem, was war. Doch das Jetzt ist die einzige Zeit, die es gibt. Das Kommende kommt erst, das Vergangene ist vorbei.

Dennoch wirkt das Vergangene im Jetzt noch nach, und das Jetzt richtet sich auf das Kommende aus und bereitet es vor.

Schauen wir zu sehr auf das Kommende, obwohl es noch nicht da ist, zum Beispiel, wenn wir uns um das, was kommen mag, Sorgen machen, setzt sich das Kommende an die Stelle des Jetzt.

Wir haben mehr vom Jetzt und haben es in seiner Fülle mit allen seinen Möglichkeiten, wenn das Kommende im Jetzt weitgehend offen bleibt und Raum für das Unerwartete lässt. Vor allem können wir auf das Kommende, wie immer es kommt, unmittelbar antworten, frei von Sorgen und frei von Hoffnung, im Augenblick ganz für das Kommende da.

In dem Augenblick lassen wir das Kommende bei den Kräften, von denen es kommt. Wir sind im Einklang mit diesen Kräften für das Kommende bereit, gesammelt bereit, jetzt bereit.

So wie das Kommende uns vom Jetzt wegzieht, allerdings nach vorne, zieht das Vergangene uns von Jetzt weg in etwas zurück, was vorbei ist. Es zieht uns mit unseren Gefühlen in etwas

Vergangenes zurück, zum Beispiel in etwas Unerledigtes und Unvollendetes aus unserer Kindheit. Wir füllen das Jetzt mit diesen Gefühlen. Statt auf eine Weise zu handeln, die uns nach vorne bringt, erfahren wir uns von diesen Gefühlen gelähmt. Wir wiederholen im Jetzt etwas Vergangenes, statt es vorbei sein zu lassen.

Alles Leben, das erfüllt weitergeht, lebt mit allen seinen Möglichkeiten im Augenblick jetzt.

Wie werden wir in unserem Leben erfolgreich? Wenn das Jetzt rein als Jetzt da sein darf, rein auf das uns jetzt Mögliche in unseren Gedanken und Gefühlen gesammelt.

Diese Reinigung ist eine Leistung. Sie ist die wohl umfassendste Leistung. Sie leistet das volle Leben erfolgreich jetzt, nur jetzt.

Wir brauchen uns nur vorzustellen, wie wir mit dieser reinen Sammlung auf das Jetzt etwas planen, etwas verhandeln, etwas in Gang bringen, etwas lenken, etwas tun. Wie wirken wir mit ihr auf andere? Wie führen wir sie? Wie nehmen wir sie mit, gesammelt erfolgreich in diesem Augenblick jetzt und jetzt und jetzt, das Ziel vor Augen jetzt, so wie es jetzt erscheint und jetzt uns zieht, von jetzt zu jetzt, jedes Mal anders und neu.

Verluste

*„Was haben Augen einst ins umrußte
lange Verglühn der Kamine geschaut:
Blicke des Lebens, für immer verlorne.*

*Ach, der Erde, wer kennt die Verluste?
Nur, wer mit dennoch preisendem Laut
sänge das Herz, das ins Ganze geborne."*

So schreibt Rainer Maria Rilke in seinem zweiten Sonett an Orpheus im zweiten Teil.

Jeden Augenblick geht etwas verloren. Es ist für immer vorbei. Es ist vorbei weil das Nächste schon da ist, das ebenfalls, von der Zeit her gesehen, wie ein Verlust dem nächsten Kommenden weicht.

Das ist der eine Blick, wenn wir beim Einzelnen bleiben. Doch das Herz bewahrt die Verluste, weil es in ein Ganzes geboren ist, wie etwas Kostbares dankbar und preisend.

So ergeht es uns mit allen Verlusten. Wenn unser Blick auf ihnen verweilt, sind sie für immer verloren. Wir schauen auf sie, wie sie verglühn, und nach der verlöschenden Flamme auf ihren zurückbleibenden Ruß.

War es das letzte Feuer? Erglüht nach seinen Flammen schon das nächste Feuer, das Feuer des Ganzen, das weiterglüht, die nächste lebendige Liebe? Entsteht aus ihren Trümmern bald ein anderes, größeres Haus?

Zum Erfolg gehören daher immer zugleich seine Verluste, oft schwere Verluste. Er zieht aus ihnen eine besondere, noch größere Kraft. Sie entzünden das nächste Feuer.

Wo bleibt bei unseren Verlusten das Herz? Nimmt es die Verluste in den nächsten Augenblick mit? Nimmt es sie glühend in das bleibende Ganze mit?

Wie nehmen wir sie wirklich in unser Ganzes mit? Indem wir sie vorbei sein lassen. Nur als Verlorene gehören sie zu unserem Ganzen. Wenn sie verloren sein dürfen, geben sie uns für das nächste Kommende frei, wie wir zuvor sie.

Die Fülle

Die Fülle fließt über. Sie kann nichts zurückhalten. Die menschliche Fülle fließt über mit Liebe. Diese Fülle braucht keinen Nachschub, sie erneuert sich schöpferisch von Augenblick zu Augenblick. Das Schöpferische kennt keinen Mangel.

Auf diese Weise erneuern sich unsere Erfolge. Sie werden mehr, indem sie überfließen und werden für viele ein Gewinn, mit dem sie selbst bald überfließen. Kann etwas dem Leben mehr und seiner wachsenden Fülle dienen?

Diese Erfolge schenken uns und vielen Lebensfreude, wir gewinnen durch sie viele Freunde. Auch das ist ein Erfolg, vielleicht unser schönster Erfolg.

Was nur voll ist, ohne in Bewegung zu bleiben, wird schal und verdirbt. Denn die Fülle fließt. Sie erneuert sich, indem sie überfließt.

Umgekehrt verlieren wir, was wir für uns behalten und für uns festhalten wollen. Obwohl wir es zu haben und zu besitzen meinen, verbraucht es sich. Es wird weniger und langsam leer.

Wenn unsere Quelle nach einer Weile zu versiegen scheint, hört sie damit auf? Sie fließt durch andere weiter, so wie das Leben über viele Generationen.

Ähnlich ergeht es uns mit unseren Erfolgen. Sie haben ihre Zeit, doch sie versiegen nicht. Alles, was dem Leben dient, geht mit dem Leben weiter. Wenn unsere Quelle zu versiegen scheint, steigen neue Wolken auf. Sie bringen überfließend Regen, dessen Wasser über viele Quellen an die Oberfläche drängt und durch sie weiter fließt. Auf gleiche Weise gehen unser Leben und unsere Erfolge über viele neue Quellen weiter, schöpferisch reichlich weiter.

Was heißt das auf der anderen Seite? Wir nehmen auf, was uns aus der Fülle vieler Menschen schöpferisch erreicht und fließen über für viele mit ihrer und mit unserer Fülle, mit ihrem und mit unserem Erfolg, mit ihrer und unserer Liebe.

Offen

Das Offene gibt Raum. Es lädt uns ein. Zum Beispiel eine offene Tür und ein weit geöffnetes Tor.

Endlos offen scheint uns der Weltraum, so offen, dass er sich mit für uns unvorstellbarer Geschwindigkeit weiterhin ausdehnt. Hier ist das Offene grenzenlos.

Was uns betrifft, sprechen wir von einer offenen Einstellung. Sie ist offen für das Neue. Das heißt, sie schaut immer nach vorn.

Das Offene hat eine Richtung. Es ist offen für das, was kommt, geht weiter und bleibt in Bewegung. Diese Bewegung geht vorwärts und in die Weite. Sie geht in die Tiefe, wo immer auch hier sich vor ihr etwas verschließt.

Das Offene gewährt uns nach jeder Seite hin Einlass. Zum Beispiel der offene Blick, das offene Ohr, die offene Hand, das offene Haus, der offene Geist, die offene Zukunft, die offene Liebe.

Das erste für uns offene Tor öffnete sich bei der Geburt. Durch dieses Tor traten wir ins Leben, durch ein enges Tor und oft mit letzter Kraft. Auf einmal wurde es um uns herum weit.

Warum sage ich das? Um was geht es mir hier?

Jeder Erfolg öffnet eine Tür. Er führt aus einer Enge über eine Grenze nach vorn in die Weite. Daher lässt er sich nicht festhalten. Er bleibt uns erhalten, wenn er weitergeht. Bleibt er stehen, ist es mit ihm vorbei. Es gibt keine alten Erfolge, immer nur neue.

Rilke sagt über diese Bewegung in seinem 12. Sonett an Orpheus im zweiten Teil:

„Was sich ins Bleiben verschließt, schon ists das Erstarrte;
wähnt es sich sicher im Schutz des unscheinbaren Grau's?
Warte, ein Härtestes warnt aus der Ferne das Harte.
Wehe -: abwesender Hammer holt aus."

Wie werden wir offen und wie bleiben wir offen? Durch Teilhabe. Wir gönnen uns und anderen das volle Leben, das nimmt und gibt zugleich, das alles nimmt und alles gibt. Wir gönnen unserem und ihrem Leben, dass es weitergeht, voll weitergeht. In diesem Sinne gönnen wir unserem und ihrem Leben den Fortschritt, denn Erfolg ist Fortschritt.

Offen ist vor allem die Freude, die Freude über alles, was da ist, und die Freude über das, was uns mit vielen gemeinsam gelingt.

Die Mitarbeit

Erfolge gelingen, wenn viele an ihnen mitarbeiten, jeder an seinem besonderen Platz. Auch dort, wo einige eigene Interessen in den Vordergrund schieben, können sie diese auf Dauer nur schwer für sich behalten. Auch sie dienen in vielerlei Weise dem Fortschritt und dem Erfolg durch Nehmen und Geben.

Selbst das, was sie nehmen, wird für die, von denen sie es erwerben zu einem Erfolg. Sie werden Mitarbeiter für deren Erfolg und diese für ihren. Ob gewollt oder ungewollt, Mitarbeiter sind und werden wir alle.

Unsere Erfolge sind also Gemeinschaftserfolge. Vor allem der größte aller Erfolge, ein Kind. Auch hier spielt es vom Ergebnis her gesehen eine Nebenrolle, ob wir es wollten und inwieweit wir es wollten. Andere Kräfte waren am Werk. Sie machten uns zu ihren Mitarbeitern, zu erfolgreichen Mitarbeitern.

Ob also willig oder unwillig, Mitarbeiter sind wir immer so oder so.

Wo gründet letztlich unser Erfolg? Wem muss er dienen?

Dieser Frage ging ich vor Jahren in einem Gedicht nach. Es ordnet unsere Mitarbeit und unseren Erfolg in etwas unser Leben und Handeln Übersteigendes ein, in etwas Vorübergehendes, das anderswo bleibt.

Der Kreis

Ein Betroffener bat einen, der mit ihm ein Stück des gleichen Weges ging:
„Sage mir, was für uns zählt."

Der andere gab ihm zur Antwort:
„Als erstes zählt, dass wir am Leben sind für eine Zeit,
so dass es einen Anfang hat, vor dem schon vieles war,
und dass es, wenn es endet, zurück ins Viele vor ihm fällt.
Denn wie bei einem Kreis, wenn er sich schließt,
sein Ende und sein Anfang ein und dasselbe werden,
so schließt das Nachher unseres Lebens sich nahtlos seinem Vorher an,
als wäre zwischen ihnen keine Zeit gewesen:
Zeit haben wir daher nur jetzt.

Als nächstes zählt, dass, was wir in der Zeit bewirken,
sich uns mit ihr entzieht,
als würde es zu einer anderen Zeit gehören,
und würden wir, wo wir zu wirken meinen,
nur wie ein Werkzeug aufgehoben,
für etwas über uns hinaus benutzt
und wieder weggelegt.
Entlassen werden wir vollendet."

Der Betroffene fragte:
„Wenn wir und was wir wirken, jedes zu seiner Zeit besteht und endet,
was zählt, wenn unsere Zeit sich schließt?"

Der andere sprach:
„Es zählt das Vorher und das Nachher
als ein Gleiches."

Dann trennten ihre Wege sich
und ihre Zeit,
und beide hielten an
und inne.

Leitfaden durch die Veröffentlichungen von Bert Hellinger

Weitere Bücher aus der Reihe „Ordnungen des Helfens"

Erfolgsgeschichten
in Unternehmen und im Beruf
Taschenbuch, 260 Seiten
1. Auflage 2009
ISBN 978-3-00-029154-8 • Hellinger Publications

Dieses Buch schöpft aus dem vollen Leben. Es bleibt am Ball und erzählt Geschichten: spannende Geschichten, bei denen wir manchmal den Atem anhalten, und befreiende Geschichten, in denen wir miterleben, wie die entscheidenden Schritte gelingen. Manchmal erzählt es auch tragische Geschichten, in denen sich das Scheitern abzeichnet und unausweichlich scheint. Allerdings zeigen auch diese Geschichten, wie etwas anders und neu beginnen kann, im Dienst des Lebens: im Dienste unseres Lebens und im Dienst des Lebens für viele.

Themenbezogene Unternehmensberatung
190 Seiten. 1. Auflage 2009.
ISBN 978-3-00-029323-8 ♦ Hellinger Publications

Dieser dritte Band in der von mir herausgegebenen Reihe Ordnungen des Erfolgs widmet sich einzelnen Themen, die in vielen Unternehmen über Erfolg und Scheitern entscheiden. Entweder weil ihre Tragweite nicht erkannt oder weil sie wissend übergangen werden.

Auch dieses Buch geht über den engen Rahmen einer vorwiegend sachbezogenen Unternehmensberatung hinaus. Diese Beratung bezieht das ganze Leben mit ein und anerkennt, dass die Unternehmen und unser Beruf in die großen Lebensvollzüge mit eingebettet bleiben und ihnen sowohl dienen als auch gehorchen.

Wie die anderen ihm in dieser Reihe vorausgegangenen Bücher ist auch dieses ein Weisheitsbuch. Viele Einsichten, die Sie vielleicht zu Beginn schockieren, erweisen sich nach einer Weile als tröstlich. Sie dienen einer anderen Liebe, einer umfassenden Liebe. Sie versöhnen und verbinden, was lange getrennt war, und führen zu einem anderen, einem anderen umfassenderer und reicheren Erfolg und Glück.

Einführung und Schulung

Bücher

Ordnungen der Liebe

Ein Kursbuch, 516 Seiten, 174 Abb. 7. korr. Aufl. 2001.
ISBN 3-89670-215-7 ♦ Carl-Auer-Systeme Verlag

Ordnungen der Liebe ist die grundlegende Einführung in das Familien-Stellen und in die Ordnungen, nach denen Beziehungen gelingen: dicht, lebendig, voller überraschender Ausblicke. Es nimmt den Leser auf einen Erkenntnisweg mit, der die lösende und heilende Einsicht aus dem gesammelten Schauen gewinnt. Dabei wird deutlich, dass viele Krisen und Krankheiten dort entstehen, wo jemand liebt, ohne die Ordnungen der Liebe zu kennen. Daher beginnt die Lösung und Heilung mit der Einsicht in diese Ordnungen.

Dieses Buch macht betroffen und demütig angesichts der erlebten Wucht schicksalhaft wirkender Kräfte. Es ist auch ein tröstliches Buch, weil es Wege zeigt, die auch schlimme Schicksale manchmal noch wenden.

Ordnungen des Helfens
Ein Schulungsbuch, 220 Seiten. 2. Auflage 2005.
ISBN 3-89670-421-4 ♦ Carl-Auer-Systeme Verlag

In diesem umfangreichen Schulungsbuch erläutert Hellinger sowohl im Überblick als auch an konkreten Fallbespielen die Grundbedingungen des Helfens. Er stellt den Ordnungen des Helfens die entsprechenden „Unordnungen" gegenüber und zeigt, welche Konsequenzen beide für Helfende und Hilfe Suchende haben. Dabei wird deutlich, wie sehr sich das Familien-Stellen und die Arbeit mit den „Bewegungen der Seele" von anderen formen der Psychotherapie unterscheiden und zugleich über sie hinausgehen.

An einer Fülle von Fallbeispielen demonstriert Hellinger, wie man nur so weit hilft, wie es der andere braucht, und ihn dann sofort in die Selbstständigkeit entlässt, wenn er das für ihn Wesentliche erkannt hat.

Das andere Sagen
Ein Kurs für Sprechgestörte und ihre Helfer
160 Seiten. 120 Abb. 2003.
ISBN 3-89670-433-8 ♦ Carl-Auer-Systeme Verlag

Bert Hellinger geht in diesem Buch mit Hilfe des Familien-Stellens der Frage nach, welche Verstrickungen sich hinter Sprechstörungen verbergen und welche Lösungen es für die Betroffenen geben kann. Er zeigt, dass hinter vielen Sprechstörungen ein ungelöster Konflikt in der Familie steht

– zum Beispiel wenn jemand verheimlicht oder weggegeben wurde – oder dass der Betroffene von einem inneren Bild, von einer verinnerlichten Person behindert wird.

Dieses Buch gibt Betroffenen und ihren Helfern anhand vieler konkreter Beispiele Hinweise über verschiedene systemische Hintergründe von Sprechstörungen. Vor allem aber zeigt es, wie man sie aufhebt. Trotz der Schwere des Themas ist dies auch ein erfrischendes Buch, prall von wirklichem Leben, ernst und humorvoll zugleich. Und es ist ein Buch über die Kunst des Helfens, vor allem über Helfen, das sowohl Einsicht als auch Mut und Kraft verlangt.

Als DVD erhältlich bei Hellinger Publications: 3 DVD. 8 Stunden.

Die Quelle braucht nicht nach dem Weg zu fragen
Ein Nachlesebuch, 388 Seiten. 5. Auflage 2007.

ISBN 3-89670-277-7 • Carl-Auer-Systeme Verlag

Die Texte dieses Buches stellen die Essenz der Arbeit Bert Hellingers aus den vergangenen Jahren dar. In Form einer „Nachlese" trägt es Einleitungen, Zwischenerklärungen, Zusammenfassungen und Antworten auf Fragen aus Kursen über das Familien-Stellen zusammen, die hier zum ersten Mal veröffentlicht werden.

Um die Orientierung zu erleichtern, sind die einzelnen Aussagen nach Themen in Kapitel geordnet. Einige werden auf diese Weise umfassend behandelt, z. B. in den Kapiteln über den Erkenntnisweg und über das Familien-Stellen. Im Kapitel

„Schicksale im Spiegel von Märchen und Geschichten" hat Hellinger jahrelange Erfahrungen übersichtlich geordnet und zusammengefasst.

In der Zusammenschau erweist sich diese Nachlese als eine reiche Ernte.

Der Austausch
Fortbildung für Familien-Steller
227 Seiten. 141 Abb. 2002.
ISBN 3-89670-394-3 ♦ Carl-Auer-Systeme Verlag

Dieses Buch dokumentiert Fortbildungsgruppen aus der letzten Zeit. Dadurch kann sich der Leser ein Bild machen, welchen Weg das Familien-Stellen von seinen Anfängen bis heute zurückgelegt hat. Es ist der Weg über das Gewissen hinaus zur Seele. Auf diesem Weg hat sich das Familien-Stellen sowohl verdichtet als auch erweitert.

Mitte und Maß
Kurztherapien
262 Seiten, 147 Abb. 2. Auflage 2001.
ISBN 3-89670-196-7. Carl-Auer-Systeme Verlag

Den in diesem Buch dokumentierten 63 Kurztherapien ist gemeinsam, dass sich die Lösungen unmittelbar aus dem Geschehen ergeben und daher jedes Mal anders und einmalig sind. Dazwischen gibt Hellinger weiterführende Hinweise, zum Beispiel über die Trauer, die Toten, die Hintergründe von schwerer Krankheit oder von Selbstmord, und er beschreibt den Erkenntnisweg, der zur Vielfalt der hier dokumentierten Lösungen führt. Ein dichtes und spannendes Buch.

Zweierlei Glück
Die systemische Psychotherapie Bert Hellingers
338 Seiten, 15 Abb. 14. Auflage 2001.
ISBN 3-89670-197-5 ♦ Carl-Auer-Systeme Verlag
Dieses Buch ist auch als Taschenbuch beim Goldmann Verlag (Arkana) erschienen. ISBN 3-442-21630-3.

Gunthard Weber, der Herausgeber, hat Bert Hellinger während mehrer seiner Wochenseminare über die Schulter geschaut und unter Zuhilfenahme weiterer Texte von ihm die Theorie und die Praxis seiner systembezogenen Psychotherapie(mit vielen Fallbeispielen und Transkripten zusammengefasst. Entstanden ist so ein spannendes Buch, das die Leser sowohl beruflich als auch persönlich bereichert.

Glück, das bleibt
Wie Beziehungen gelingen, 133 Seiten 1. Auflage 2008.
ISBN978-3-7831-3038-6 ♦ Kreuz Verlag

Was ist hier das Glück, das bleibt? Das Glück bleibt, das sich bei uns wohl fühlt, weil wir es achten und weil wir es teilen.

Wie teilen wir es? Indem wir anderen Menschen gegenüber wohlwollend sind und ihnen Gutes wünschen in jeder Hinsicht. Dann fühlt sich unser Glück bei uns wohl und will uns wohl – bleibend wohl.

Was das Familien-Stellen über das bleibende Glück ans Licht gebracht hat, wird in diesem Buch auf eine Weise beschrieben, dass es in der Seele etwas in Bewegung bringt, In eine Bewegung der Liebe, die bleibt. Wie bleibt sie in dieser Bewegung? – Glücklich.

Videos und DVD zu diesem Thema erhältlich bei Hellinger Publications

Da es beim neuesten Stand des Familienstellens noch mehr als vorher auf die genaue Beobachtung ankommt, ist es für die Schulung in der Weiterbildung des Familienstellens fast unerlässlich, neben den Büchern auch die Schulungsvideos heranzuziehen. So lernen wir zum Beispiel am besten das Warten auf die rechte Zeit und das Achten auf kleine und kleinste Signale. Zu diesen Schulungsvideos gehören:

Ordnungen des Helfens
Schulung in Bad Nauheim
2 Videos. 2 Stunden, 32 Minuten.

Helfen braucht Einsicht
Schulung in Zürich
4 DVD. 7 Stunden, 20 Minuten.

Helfen auf den Punkt gebracht
Schulung in Madrid
4 DVD. 7 Stunden, 36 Minuten. Deutsch/Spanisch

Dimensionen des Helfens in der Praxis Basel
1 DVD. 3 Stunden, 8 Minuten.

Liebe in unserer Zeit
Schulungskurs Bad Sulza
3 DVD. 4 Stunden, 31 Minuten.

Schulungstag Lebenshilfe in Aktion Neuchâtel
3 DVD. 2 Stunden, 40 Minuten. Deutsch/ Französisch

Zu den Schulungsvideos gehören auch die Videos vom Kurs für soziale und pädagogische Berufe in Mainz:

Helfen im Einklang
1 Video. 2 Stunden, 40 Minuten.

Kurzsupervisionen
1 Video. 2 Stunden. 35 Minuten.

Helfen, das fordert
Ein Kurs für Jugendliche und ihre Betreuer
4 DVD. 7 Stunden, 25 Minuten.

Was in Familien krank macht und heilt

Das Familien-Stellen mit Kranken wird ausführlich dokumentiert in den folgenden Büchern und Videos

Familien-Stellen mit Kranken
Dokumentation eines Kurses für Kranke,
begleitende Psychotherapeuten und Ärzte
352 Seiten. 3. Auflage 1998.
ISBN 3-89670-018-9 ♦ Carl-Auer-Systeme Verlag
(Vergriffen)
Auf DVD erhältlich bei Hellinger Publications: 3 DVD.
10 Stunden

Was in Familien krank macht und heilt
Ein Kurs für Betroffene·
288 Seiten, 197 Abb. 2. Auflage 2001.
ISBN 3-89670-123-1. Carl-Auer-Systeme Verlag
Dieses Buch vermittelt vertiefte Einsichten in die familiengeschichtlichen Hintergründe von schwerer Krankheit und Unfall- und Selbstmordgefährdung. Es dokumentiert Bert Hellingers Methode des Familien-Stellens in neuen Zusammenhängen wie Sucht, religiöser Verstrickung, Trauma und tragischen Schicksalsschlägen.

Die Aufstellungen, die diesem Band zugrunde liegen, sind von besonderer Dramatik und waren eine Herausforderung nach neuen Wegen der Lösung zu suchen. Sie werden deshalb

in ihren einzelnen Schritten besonders erläutert und einsichtig gemacht.

Ein Buch für alle, die das Familien-Stellen lernen wollen, aber auch für jene, die Einsichten in die verborgenen Ordnungen der Liebe gewinnen wollen, die einerseits krank machen und andererseits, wenn sie verstanden werden, auch heilen.

Wo Schicksal wirkt und Demut heilt
Ein Kurs für Kranke
320 Seiten, 165 Abb. 2.Auflage 2001.
ISBN 3-89670-196-9. Carl-Auer-Systeme Verlag

Bert Hellinger arbeitet mit 20 Männern, Frauen und Kindern, die an schweren und chronischen Krankheiten leiden, z.B. Morbus Crohn, Muskelschwund, Rheuma, Multipler Sklerose, Diabetes, Magersucht, Rheuma und Krebs. Er zeigt, wie über das Familien-Stellen die familiengeschichtlichen Hintergründe von schwerer Krankheit oder Selbstmordgefährdung ans Licht gebracht werden und welche Lösungen sich für die Patienten ergeben. Darüber hinaus dokumentiert dieses Buch mehrere Beispiel von Kurztherapien, d.h. von verdichteten Lösungen auch ohne das Familien-Stellen.

Auch als DVD erhältlich bei Hellinger Publications: 3 DVD. 9 Stunden, 30 Minuten.

Schicksalsbindungen bei Krebs
Ein Kurs für Betroffene, ihre Angehörigen und Therapeuten
200 Seiten, 116 Abb. 3. Auflage 2001.
ISBN 3-89670-008-1. Carl-Auer-Systeme Verlag

Dieses Buch beschreibt, wie Schicksalsbindungen in der Familie schwere Krankheiten mit bedingen und aufrechterhalten. Diese Schicksalsbindungen sind Bindungen der Liebe. Sie bewirken zum Beispiel, dass Kinder frühverstorbenen Eltern oder Geschwistern in den Tod nachfolgen wollen oder dass sie stellvertretend für andere krank werden und sterben.

Die gleiche Liebe, die krank macht, kann die Bindung an schlimme Schicksale lösen, wenn sie bewusst wird. Wie sie bewusst gemacht wird und auf welchem Wege man sie heilend ordnet und löst, wird an vielen Beispielen nachvollziehbar beschrieben. So kann der Leser sowohl die tiefe der Bindung als auch die heilende Lösung mitfühlend an sich selbst erfahren.

Auch als DVD erhältlich unter dem Namen Bert Hellinger arbeitet mit Krebskranken bei Hellinger Publications:
  4 DVD. 7 Stunden, 13 Minuten.

Die größere Kraft

Bewegungen der Seele bei Krebs. (hrsg. von Michaela Kaden)
193 Seiten, 111 Abb. 2001.
ISBN 3-89670-181-9 ♦ Carl-Auer-Systeme Verlag
(Vergriffen)

Das folgende Buch dokumentiert zum ersten Mal das Familienstellen mit Psychosepatienten.

Liebe am Abgrund

Ein Kurs für Psychose-Patienten
230 Seiten, 187 Abb. 2001.
ISBN 3-89670-205-X ♦ Carl-Auer-Systeme Verlag

Dieses Buch dokumentiert in tief bewegender Weise Bert Hellingers Arbeit mit Psychose-Patienten.

Die im Geheimen wirkende Familiendynamik zeigt sich hier oft als Gegensächlichkeit scheinbar unversöhnlicher Impulse. Dabei erweisen sich schuldhafte Verstrickungen während des Dritten Reiches oder im Zusammenhang mit Kriegsgeschehnissen, aber auch verleugneter Schuld in anderen Zusammenhängen für die Nachkommen als besonders schicksalsträchtig. Oft gelten diese Ereignisse in der Familie als Geheimnis; in der Aufstellung kommen sie oft ans Licht.

Besondere Bedeutung gewinnen Aufstellungen mit der freien Bewegung der Stellvertreter. Hellinger nennt dies: „Arbeit mit den Bewegungen der Seele." Sie ergänzt das Familien-Stellen und bringt uns auf tiefe Weise in Verbindung mit Kräften, die das Persönliche weit übersteigen. In diese Arbeit fließen vor allem Hellingers gewachsene Einsichten zur Dynamik zwischen Tätern und Opfern ein. Sie eröffnen Lösungsmöglichkeiten für Nachkommen, die über die Grenzen des persönlichen und kollektiven Gewissens hinausführen.

Auch als DVD erhältlich **bei Hellinger Publications**: 3 DVD. 6 Stunden, 30 Minuten.

Es gibt noch einen weiteren Satz von DVD zu diesem Thema bei Hellinger Publications, das die Weiterentwicklung des Familienstellens mit Psychosepatienten dokumentiert.

Die Versöhnung des Getrennten

Ein Kurs für Psychose-Patienten in Mallorca
4 DVD. 8 Stunden, 46 Minuten. Deutsch/Spanisch

In der Reihe über das Familien-Stellen mit Kranken nehmen das folgende Buch und Video eine Sonderstellung ein.

Wo Ohnmacht Frieden stiftet

Familien-Stellen mit Opfern von Trauma, Schicksal und Schuld 255 Seiten, 186 Abb. 2000.

ISBN 3-89670—111-8 ♦ Carl-Auer-Systeme Verlag

Wir werden in diesem Buch Zeugen, wie sehr wir Mächten ausgeliefert sind, die jenseits unseres Planens oder Hoffens wirken. Doch weil sie das Letzte von uns fordern, werden wir durch sie auch vollendet. Denn aus der Begegnung mit den Menschen, an deren Schicksal wir hier Anteil nehmen, erfahren wir etwas von der besonderen Kraft, die hinter dem Schweren und Dunklen wirkt und auch uns in der Tiefe anrührt und trifft.

Wie solchen Menschen geholfen werden kann, sich ihrem Schicksal zu stellen und aus der Zustimmung zu ihren Grenzen ihre Würde zu wahren und Frieden zu finden, wird in diesem Buch an vielen Beispielen beschrieben.

Auch als DVD erhältlich bei Hellinger Publications: 3 DVD. 6 Stunden, 30 Minuten.

Weitere DVD bei Hellinger Publications zum Thema „Was in Familien krank macht und heilt":

Geistige Liebe und geistiges Heilen im Alltag
1 DVD. 1 Stunde, 47 Minuten.

Anhaftung der Toten
1 DVD. 45 Minuten. Deutsch/Italienisch

Der Blick zum Tod
1 DVD. 1 Stunde, 30 Minuten. Deutsch/Spanisch

Paarbeziehungen

Jedes der folgenden Bücher über Paarbeziehungen steht für sich. Doch sie ergänzen einander, weil in den späteren Büchern wichtige neue Einsichten dazukommen.

Wie Liebe gelingt
Die Paartherapie von Bert Hellinger
348 Seiten, 123 Abb. 3. korrigierte Auflage 2002.
ISBN 3-89670-298-X ♦ Carl-Auer-Systeme Verlag

Der Herausgeber Johannes Neuhauser hat seit 1995 hunderte von Paartherapien Hellingers aufgezeichnet und ausgewertet. Im Zentrum der ausführlichen Erläuterungen und Gespräche mit Bert Hellinger steht der Lebenszyklus in Paarbeziehungen: das erste Verliebtsein, die Bindung, gemeinsame Elternschaft oder Kinderlosigkeit, schmerzhafte Paarkrisen, das Scheitern der Beziehung und die klare Trennung, das gemeinsame Altwerden und der Tod.

Die vielen Beispiele aus Hellingers Gruppen- bzw. Rundenarbeit und seinen Paar- bzw. Familienaufstellungen sind lebensnah und lösungsorientiert.

„Wie Liebe gelingt" ist in seiner Bandbreite der Themen und der Fülle der Einsichten ein grundlegendes Buch für alle, die im psychosozialen Bereich mit Paaren und Familien arbeiten.

„Lieben kann man nur das Unvollkommene." B. Hellinger
Auch als DVD erhältlich bei Hellinger Publications: 5 DVD.

12 Stunden, 30 Minuten.

Wir gehen nach vorne
Ein Kurs für Paare in Krisen
273 Seiten, 200 Abb. 2. korrigierte Auflage 2002.
ISBN 3-89670-230-0 ♦ Carl-Auer-Systeme Verlag

Wenn Partner in ihrer Beziehung leiden, obwohl sie einander lieben, bleiben Appelle an den gemeinsamen guten Willen und ihre Anstrengungen oft vergebens. Denn Krisen in Paarbeziehungen haben oft mit Verstrickungen in die Schicksale der Herkunftsfamilie zu tun. Dieses Buch zeigt, wie man die eigentlichen Hintergründe ans Licht bringt und wie überraschend leicht die Lösungen fallen, wenn sie bewusst sind.

Auch als DVD erhältlich bei Hellinger Publications: 3 DVD. 7 Stunden.

Wie nach der Verliebtheit, der Liebe auf den ersten Blick, die Paarbeziehung durch die Liebe auf den zweiten Blick an Tiefe und Erfüllung gewinnt, dokumentiert das folgende Buch.

Liebe auf den zweiten Blick
Lösungen für Paare
239 Seiten, 179 Abb. Gb/SU. 2002.
ISBN 3-451-27798-0 ♦ Herder Verlag
Erhältlich bei Hellinger Publications

Liebe auf den ersten Blick ist etwas Wunderbares. Doch es braucht den zweiten Blick, damit die Liebe trägt. Dadurch entdecken sich Paare auf eine ganz neue, tiefere Weise. Sie können sich einordnen in die Geschichte ihrer jeweiligen Familie –und lernen damit auch den Partner auf neue Weise kennen und achten.

Auch als DVD erhältlich: bei Hellinger Publications 5 DVD. 9 Stunden,30 Minuten. Deutsch/Spanisch

Das nächste Buch und Video gehen noch einen Schritt weiter. Sie zeigen, wie persönliche Schicksale der Partner in die Paarbeziehung hereinwirken. Manchmal fordern sie das Letzte von ihnen und lassen sie gerade dadurch aneinander wachsen.

Liebe und Schicksal

Was Paare aneinander wachsen lässt
Taschenbuch 280 Seiten, 2006.
ISBN 13: 978-3-426-87251-2.
ISBN 10: 3-426-87251-X ♦ Knaur (Mens sana)

Die Liebe eines Paares, die erst „nur" durch Sehnsucht, Hoffnung, Innigkeit und Lust entsteht, wird bald von etwas Höherem getragen: dem Schicksal. Dieses Schicksal, das durch Verstrickung des einen oder beider Partner in Ereignisse aus der Herkunftsfamilie oftmals in die bestehende Partnerschaft hineinwirkt, kann durch das Familien-Stellen ans Licht gebracht werden. Bert Hellinger zeigt am Beispiel eines Kurses in Rom, wie diese Verstrickungen sichtbar, anerkannt und gelöst werden können.

Auch als DVD erhältlich bei Hellinger Publications: 4 DVD.

10 Stunden, 10 Minuten. Deutsch/Italienisch

Liebes-Geschichten
zwischen Mann u. Frau, Eltern u. Kindern, uns und der Welt
254 Seiten 2006.
ISBN 10: 3-466-30724-4
ISBN 13: 978-3-466-30724-1 ♦ Kösel Verlag

Diese „Liebes-Geschichten" erzählen, wie die Liebe gelingt – und wie auch der Abschied mit Liebe gelingt. Sie handeln von den Prüfungen der Liebe und was der Liebe manchmal entgegensteht

Neben den Liebes-Geschichten von Mann und Frau erzählt dieses Buch auch Liebes-Geschichten von Kindern: von der tiefen Liebe der Kinder für ihre Eltern, ihre Geschwister und andere aus der Familie. In diesen Geschichten zeigt sich, dass niemand so tief und mit letzter Hingabe liebt wie Kinder.

Neben der Liebe, die innerhalb der eigenen Familie bleibt, gibt es eine weite Liebe, die andere Familien und andere Menschen mit einbezieht. Die weite Liebe öffnet uns auch für sie. Sie bringt zusammen, was sich vorher entgegenstand, und stiftet Frieden mit gegenseitiger Achtung und Liebe.

Weitere DVD erhältlich bei Hellinger Publications zum Thema Paarbeziehungen sind:

Liebe wächst
4 DVD. 5 Stunden, 33 Minuten. Deutsch/Französisch

Ich liebe Dich
Lebenshilfen für Mann und Frau
2 DVD. 2 Stunden, 41 Minuten.

Eltern und Kinder

Zum Thema „Eltern und Kindern" gibt es keine eigenen Bücher von Bert Hellinger. Die Beziehung zwischen Eltern und Kindern wird aber in allen seinen Büchern und Videos vorrangig behandelt. Umfangreiche, besondere Beiträge dazu hat er jedoch in den beiden folgenden, von anderen Autoren herausgebrachten Büchern veröffentlicht.

Kindliche Not und kindliche Liebe
Familien-Stellen und systemische Lösungen in Schule und Familie (hrsg. von Sylvia Gomez Pedra)
208 Seiten, 119 Abb. 2. korr. u. überarb. Auflage 2002.
ISBN 3-89670-280-7 ♦ Carl-Auer-Systeme Verlag

Gestörtes und auffälliges Verhalten von Kindern bringt Eltern und andere erwachsene Begleiter oft an den Rand ihrer Kräfte, löst Aggressionen und Unverständnis aus und endet nicht selten in einem Ausschluss des schwierigen Kindes aus dem normalen sozialen Umfeld. Dieses Buch bietet konkrete

Hilfe an.

Werden einmal die Beweggründe erkannt, die Kinder in auffälliges Verhalten treiben, lassen sich die Kraftquellen der Familie erschließen, die ihnen zu Hilfe kommen.

Wenn ihr wüsstet, wie ich euch liebe

Wie schwierigen Kindern durch Familien-Stellen und Festhalten geholfen werden kann· (mit Jirina Prekop)

Dieses Buch ist als Taschenbuch erschienen bei Knaur (Mens Sana). ISBN 3-426-87250-1.

Manche Kinder fordern ihre Umwelt in besonderem Maße heraus. Alle Bemühungen von Eltern, Lehrern und Therapeuten scheinen ins Leere zu gehen. Jirina Prekop und Bert Hellinger erkannten, dass die Gründe für kindliche Verhaltensauffälligkeiten oftmals das Ergebnis einer gestörten Ordnung in der Familie sind. Anhand von Fallgeschichten zeigen sie, wie Betroffene die gestörte Ordnung erkennen und Kinder aus der Verstrickung in die Unordnung führen können, und wie die Festhaltetherapie ihnen ermöglichte, das Erlebte emotional nachzuvollziehen.

Zum Thema Eltern und Kindern gibt es folgende DVD bei Hellinger Publications:

Liebes Kind • Lebenshilfen für Kinder und ihre Eltern
3 DVD: 4 Stunden, 16 Minuten

Adoption und Behinderte

Die folgenden Bücher sind vergriffen.

Haltet mich, dass ich am Leben bleibe
Lösungen für Adoptierte
216 Seiten, 163 Abb. Geb. 2. Auflage 2001.
ISBN 3-89670-218-1 ♦ Carl-Auer-Systeme Verlag
(Vergriffen)
Als DVD erhältlich bei Hellinger Publications:
3 DVD. 7 Stunden.

In der Seele an die Liebe rühren
Familien-Stellen mit Eltern und Pflegeeltern
von behinderten Kindern
120 Seiten, 80 Abb. Kt. 1998.
ISBN 3-89670-093-6 ♦ Carl-Auer-Systeme Verlag
(Vergriffen)

Frieden und Versöhnung

Das Thema „Versöhnung" ist der Basso continuo des Familienstellens, denn wo immer es angewandt wird, geht es um die Zusammenführung des bisher Getrennten.

In diesen Büchern und Videos geht es darüber hinaus um die Versöhnung zwischen den Völkern, zwischen den Religionen, zwischen Herren und Unterdrückten, und in besonderer Weise um die Versöhnung zwischen Deutschen und Juden.

Der Friede beginnt in den Seelen
Das Familien-Stellen im Dienst der Versöhnung
223 Seiten, 150 Abb. 2003.
ISBN 3-89670-411-7 ♦ Carl-Auer-Systeme Verlag

An Beispielen aus den letzten Jahren dokumentiert Bert Hellinger, was den Frieden in den Seelen vorbereitet. Dabei geht es einmal um den Frieden zwischen Völkern:

Bert Hellinger findet in diesem Buch Antworten in den Beispielen von verschiedenen Völkern und Ländern, zum Beispiel den Griechen und den Deutschen im Zusammenhang mit dem Zweiten Weltkrieg, um den Frieden zwischen den Armeniern und den Türken, um den Frieden zwischen Russland und Deutschland, zwischen Japan und den USA und zwischen Israel und seinen Nachbarn. Es geht n diesem Buch auch die Versöhnung zwischen den Religionen, zum Beispiel Christentum und Islam, die Versöhnung zwischen den Eroberern und Unterworfenen in Südamerika, die Versöhnung im Bürgerkrieg von Kolumbien und die Versöhnung zwischen Herren und Sklaven in Brasilien und den USA bei der Eroberung von Amerika oder zwischen Herren und Sklaven in Brasilien und den USA.

Der Abschied
Nachkommen von Tätern und Opfern stellen ihre Familie
370 Seiten, 260 Abb. 2. Auflage 2001.
ISBN 3-89670-205-5 ♦ Carl-Auer-Systeme Verlag
(Vergriffen)

Rachel weint um ihre Kinder
Familien-Stellen in Israel
ISBN 3-451-05443-4 ♦ 2004. Herder Verlag
(Vergrifffen)

Der große Konflikt
Die Antwort
255 Seiten. ISBN 3-442-33734-8. 2005 ♦ Goldmann Verlag
Erhältlich über Hellinger Publications

Bert Hellinger beschreibt die seelischen Mechanismen, die zu großen Konflikten, zu Kriegen zwischen Völkern und Religionen führen.

Sein Ansatz hat hier auch eine politische Dimension. Er gesteht den Tätern zu, dass sie Menschen sind, verstrickt wie alle anderen. Das anzuerkennen und auch im Mörder den Menschen zu sehen, ist für Hellinger nicht nur ein ethisches, sondern auch ein pragmatischen Gebot: der einzig gangbare Weg zur Heilung und zur Versöhnung.

Dazu folgende ergänzende Videos und DVD erhältlich bei Hellinger Publications:

Bewegungen auf Frieden hin
Lösungsperspektiven durch das Familien-Stellen bei ethnischen Konflikten
2 Videos 2001. 4 Stunden, 30 Minuten.

Bewegungen der Seele
3 Videos 2001. 9 Stunden 30 Minuten.

Wie Versöhnung gelingt
Athen
1DVD. 1 Stunde, 37 Minuten. Deutsch/Griechisch

Das Überleben überleben
Nachkommen von Überlebenden des
Holocaust stellen ihre Familie
1 DVD. 2 Stunden, 30 Minuten.

Die Toten
Was Täter und Opfer versöhnt
1 DVD. 60 Minuten.

Das neue Familien-Stellen

Die Liebe des Geistes
Was zu ihr führt und wie sie gelingt
236 Seiten Großformat 1. Auflage 2008.
ISBN 978-3-00-024697-5 ♦ Hellinger Publications

Die Liebe des Geistes ist das Grundlagenwerk für die Hellinger sciencia. Es fasst die wesentlichen Einsichten Bert Hellingers über die Ordnungen der Liebe in unseren Beziehungen zusammen. Die Liebe des Geistes überwindet die Grenzen der Liebe, die wir mit unserer Unterscheidung von Gut und Böse uns und anderen gesetzt haben.

Dieses Buch vermittelt die grundlegenden Einsichten, mit deren Hilfe wir diese Grenzen in unseren Beziehungen überwinden können und zwar auf allen Ebenen. Die Einsichten in die Liebe des Geistes begründen eine umfassende Wissenschaft der menschlichen Beziehungen. Sie ist eine Wissenschaft der Liebe.

Alles ist weit
Wegweiser
123 Seiten Großformat 1. Auflage 2008.
ISBN 978-3-00-024696-8 • Hellinger Publications

Alles wird weit, wenn die Liebe weit wird Das neue Familien-Stellen: „Gehen mit dem Geist", überwindet die Grenzen, die wir unserer Liebe gesetzt haben. Wie uns diese Liebe gelingt und in welche Weite das neue Familien-Stellen führt, konnten die Teilnehmer des 1. Nationalen Wintercamps in Pichl eindrucksvoll an sich erfahren.

Als Nachlese für die Teilnehmer und als Einladung an alle, die mit mir in diese neue Weite mitgehen wollen, wurden hier die Ansprachen, Erläuterungen, Meditationen, sowie die abendlichen Fragen und Antworten ins Schriftliche übertragen und werden mit diesem Buch einem weiten Leserkreis zugänglich. Sie führen in eine neue Weite der Liebe.

Dazu folgende DVD bei Hellinger Publications:

Schulungstag: Lebenshilfe in Aktion
Neuchâtel 2005
3 DVD. 2 Stunde. 40 Minuten. Deutsch/Französisch

Lernen mit Bert Hellinger
Schulungskurs über das Familien-Stellen, Salzburg 2006
6 DVD. 18 Stunden, 50 Minuten. Deutsch/Italienisch

Lernen mit dem Geist zu gehen
Schulungskurs Bozen 2006
8 DVD. 15 Stunden, 25 Minuten. Deutsch/Italienisch

Paarbeziehungen aus geistiger Sicht
Schulungskurs in Bozen 2006
8 DVD. 12 Stunden

Lernen mit Bert Hellinger: Das Neue Familienstellen
Schulungskurs Teil 1 in Wien 2008
2 DVD. 8 Stunden, 45 Minuten

Lernen mit Bert Hellinger: Das Neue Familienstellen
Schulungskurs Teil 2 in Wien 2008
6 DVD.

Lernen mit Bert Hellinger: Das Neue Familienstellen
Schulungskurs Teil 3 in Wien 2008
6 DVD.

Natürliche Mystik in Aktion
Vortrag und Schulung in Hamburg 2008
4 DVD.

Lebenshilfen und Lebensweisheit

Hinter dem Familienstellen und seiner Weiterentwicklung hin auf die Bewegungen der Seele und des Geistes stehen philosophische Einsichten. Von daher ist das Familienstellen und was sich daraus ergeben hat, weitgehend angewandte Philosophie. Allerdings keine Philosophie im klassischen Sinn, sonder eine Philosophie für den Alltag. Ihre Einsichten kommen aus der unmittelbaren Beobachtung der Hintergründe menschlicher Schicksale und der Widersprüche in vielen liebgewonnen Vorstellungen. Diese Philosophie ist nahe bei der Weisheit und fern der Spekulation und daher durchgängig empirisch.

Finden, was wirkt
Therapeutische Briefe
232 Seiten. 11. Auflage 2003.
ISBN 3-466-30389-3 ♦ Kösel Verlag

Diese Briefe geben knapp und verdichtet – meist unter 20 Zeilen – Antwort auf bedrängende Fragen von Menschen in Not und zeigen, oft überraschend und einfach, die heilende Lösung. Sie lesen sich wie kleine Geschichten, denn jeder Brief erzählt verschlüsselt ein Schicksal. Es geht um die Themen „Mann und Frau", „Eltern und Kinder", Leib und Seele", den tragenden Grund" und „Abschied und Ende".

Anerkennen, was ist
Gespräche über Verstrickung und Lösung.
Mit Gabriele ten Hövel.
12. Auflage 2002. 220 Seiten.
ISBN 3-466-30400-8 ♦ Kösel Verlag
Als Taschenbuch bei Goldmann (Arkana)
ISBN 978-3-442-21785-4.

In dichten Gesprächen mit der Journalistin Gabriele ten Hövel Einblick gibt in die Hintergründe seines Denkens und Tuns. Und er zeigt, wie über die Anerkennung der Wirklichkeit auch in schwierigen Fragen die Verständigung gefunden und ein Ausgleich erreicht werden kann.

Ein Buch für alle, die wissen wollen: Wer ist Bert Hellinger? Was macht er? Wie denkt er? Eine lebendige und kompakte Einführung in sein Denken und seine Arbeit.

Auch als Hörbuch erhältlich beim Kösel Verlag und bei Hellinger Publications

Die Mitte fühlt sich leicht an
Vorträge und Geschichten
264 Seiten. 9. erw. Auflage 2003.
ISBN 3-466-30460-1 ♦ Kösel Verlag

Bert Hellingers grundlegende Vorträge und Geschichten hier zum ersten Mal gesammelt vorgestellt. Sie kreisen um die gleiche Mitte, eine verborgene Ordnung, nach der Beziehungen gelingen oder scheitern. Dabei rührt Bert Hellinger ohne Furcht an die Tabus von Unschuld und Gewissen und bringt die Ordnungen ans Licht, nach denen Liebe innerhalb und zwischen Gruppen gelingt. Ein Weisheitsbuch: spannend, bewegend und sammelnd zugleich.

Verdichtetes
Sinnsprüche – Kleine Geschichten – Sätze der Kraft
109 Seiten. 7. Auflage 2008.
ISBN 978-3-89670-685-0. Carl-Auer-Systeme Verlag
Bert Hellingers Sinnsprüche, kleine Geschichten und Sätze der Kraft berühren unmittelbar. Gewohntes Denken wird erschüttert, verborgene Ordnungen kommen ans Licht. Gegensätze werden unscharf. In den Sätzen der Kraft verdichtet sich heilendes Sagen und Tun. Sie bringen eine Lösung in Gang, wenn jemand in ein fremdes Schicksal verstrickt ist oder in persönliche Schuld, und machen für Kommendes frei.
Ein Weisheitsbuch.

Ein langer Weg
Gespräche über Schicksal, Versöhnung und Glück
(mit Gabriele ten Hövel)
240 Seiten, 2005. ISBN 3-466-30694-9 ♦ Kösel Verlag
Der neue Gesprächsband mit Gabriele ten Hövel ist das persönlichste Buch Bert Hellingers. Informativ, pointiert und kontrovers beschreibt er seine prägenden Lebensstationen von der Kindheit bis zur jüngsten Weiterentwicklung der systemischen Arbeit: die Bewegungen der Seele und des

Geistes. Und er öffnet den Blick auf eine Sichtweise zur
Verbindung von Tätern und Opfern und des Erinnerns und
Verdrängens.
Ein spannendes und berührendes Buch.

Mit der Seele gehen
Gespräche mit Bert Hellinger
(mit Bertold Ulsamer und Harald Hohnen)
187 Seiten, Taschenbuch, 2008.
ISBN 978-3-451-05970-4. Herder Verlag
Ein Buch, das einführt in die tieferen Bewegungen
seelischer Vorgänge und Zusammenhänge. Bert Hellinger
spricht von dem, was ihn motiviert und was seiner Sichtweise
zugrunde liegt. Das Buch führt ein in die Hintergründe
seines Denkens, in seine „Philosophie" und seine spirituellen
Grundeinsichten.

Meine Geschichten
116 Seiten. Großformat. 1. Auflage 2009.
ISBN 978-3-00-027023-9 ♦ Hellinger Publications
Geschichten können sagen, was sonst nicht ausgesprochen
werden darf. Denn was sie zeigen, wissen sie auch zu
verhüllen und ihre Wahrheit wird erahnt, wie hinter einem
Schleier das Gesicht der Frau.
Die in diesem Buch gesammelten Geschichten nehmen
uns mit auf einen Erkenntnisweg, oft über unsere gewohnten
Bilder hinaus. Sie kreisen um eine Mitte und um eine

verborgene Ordnung, die jenseits der Grenzen von Gewissen und Schuld das Trennende eint.

Einige Geschichten rühren an Letztes. Sie nehmen uns auf dem Erkenntnisweg bis an seine Grenzen mit, ohne Furcht und ohne Rücksicht. Sie sind das Herz dieser Sammlung.

Religion – Psychotherapie – Seelsorge
Gesammelte Texte
232 Seiten. 2. Auflage 2002.
ISBN 3-466-30389-3 ♦ Kösel Verlag (Vergriffen)
In einer überarbeiteten Auflage erschienen unter dem Titel:

Vom Himmel, der krank macht, und der Erde, die heilt
Wege religiöser Erfahrung
ISBN 978-3-7831-3038-6. 2009 Kreuz Verlag

Bert Hellinger stellt in eindrucksvollen Briefen, Vorträgen, Geschichten und Gesprächen erstmals die religiösen Aspekte seiner Arbeit gebündelt und chronologisch geordnet vor. Die einzelnen Kapitel beschreiben die Wirkung von bestimmten religiösen Bildern und Haltungen in der Seele. Das religiöse Geheimnis selbst bleibt davon unberührt. Es wird als Geheimnis geachtet.

Entlassen werden wir vollendet
Späte Texte
220 Seiten. 2. Auflage 2002.
ISBN 3-466-30558-6 ♦ Kösel Verlag
Erhältlich bei Hellinger Publications

Diese Texte rühren an Letztes. Dennoch bleiben sie nah an der Erde, sammeln aus ihr ihre Kraft und sind langsam gereift wie eine späte Frucht. Dazwischen stehen zwölf Sammlungen von Sinnsprüchen nach Themen geordnet, zum Beispiel: Einklang, Gut und Böse, Seele, Glück und Unglück, Torheit, Das Religiöse, Leben und Tod.

Gedanken unterwegs
236 Seiten. 2003. ISBN 3-466-30642-6 ♦ Kösel Verlag
(Vergriffen)

Diese Gedanken kamen Hellinger unterwegs und sind selbst unterwegs, noch im Fluss und daher offen für das Nächste. Sie verteilen sich auf 135 kurze Kapitel, jedes mit einem eigenen Thema, zum Beispiel: „Die Klarheit", „Das Nichtgesagte", „Ende gut, Anfang gut", „Geist und Welt", „Das Ganze", „Die Erleuchtung", „Die Mutter", „Das Nicht", um nur einige zu nennen. Diese Gedanken kommen aus der Anschauung. Sie sind Alltagsphilosophie, praktisch und tief zugleich.

Diese Texte wurden übernommen in mein Buch „Worte, die wirken" 1. Band von A bis Z

Gottesgedanken
Ihre Wurzeln und ihre Wirkung
240 Seiten. 1. Auflage 2004 . ISBN 3-466-306 ♦ Kösel Verlag
Welche Gedanken und Bilder machen wir Menschen uns von Gott? Wo kommen diese Gedanken und Bilder her und was bewirken sie in uns und in unserer Umgebung? Bert Hellinger setzt sich mit den erfahrbaren Wurzeln und Wirkungen dieser Gedanken und Bilder auseinander, überprüft sie und beschreibt sie in kurzen, klaren Texten. Dies ist ein mutiges Buch, Religionsphilosophie, die schonungslos aufklärt und dennoch ehrfürchtig bleibt.
Auch als Hörbuch erhältlich bei Hellinger Publications

Wahrheit in Bewegung
139 Seiten, Großformat.
ISBN 978-3-00-027024-6 ♦ Hellinger Publications
In diesem Buch beschreibt Bert Hellinger sein Handeln als angewandte Philosophie. Erkenntnis und Handeln bleiben dabei laufend aufeinander bezogen und sind im Tiefsten eins. Hier geht es um eine lebendige Philosophie, die im Dienst des Lebens steht und sich daran misst, inwieweit sie dem Leben dient. Ein anspruchsvolles und tiefes Buch.

Dankbar und gelassen
Im Einklang mit dem Leben
157 Seiten, 2006. ISBN 3-451-29036-7. Herder Verlag
Erhältlich bei Hellinger Publications

Die Gedanken dieses Buches in 73 kurzen Kapiteln kreisen um ein bestimmtes Wort. Diese Worte sind oft verdichtete Geschichten menschlicher Erfahrung und haben eine lange Geschichte. Um sie zu verstehen, müssen wir die Erfahrungen, die sich in ihnen niederschlagen, neu in uns nachvollziehen. Wenn wir uns ihnen gesammelt öffnen, führen sie uns zu dem Handeln, das ihnen entspricht. In diesem Buch geht Bert Hellinger solchen Worten auf den Grund und nimmt Sie mit in ihre Geschichte. Zum Beispiel die Worte: Hingabe, Das Vorläufige, Das Wechselspiel, Der Hintersinn, Das Geld. Sie können beim Lesen ihre Geschichte miterleben.

Erfülltes Dasein
Wege zur Mitte
160 Seiten, 2006.
ISBN 13 978-3-451-29102-0. Herder Verlag

„Worte gehen noch zart am Unsäglichen aus...", schreibt Rilke in einem Gedicht. Es ist es das Unsägliche und bisher Ungesagte, das dennoch ins Wort kommen und gesagt werden will. Es ist aber nicht irgendein Wort. Es macht sich in der Seele bemerkbar. Doch einfach sagen lassen sich diese Worte deswegen noch nicht, Sie müssen zuerst wie ein bisher unbekannter Pfad begangen werden, mit all den Erfahrungen

und inneren Gefahren, die durchlebt und bestanden sein wollen, bevor sie sich verdichtet ins Wort lassen und Neues bewirken. Bert Hellinger sagt dazu: „So ist es mir mit den Gedanken in diesem Buch ergangen. Sie wollten gesagt sein und ich habe mich ihnen gefügt."

Innenreisen
Erfahrungen – Betrachtungen – Beispiele
200 Seiten, 2007.
ISBN 978-3-466-30739-5 ♦ Kösel Verlag

Bert Hellinger lädt uns ein, uns auf den Weg zu unserer Mitte zu machen. Dorthin, wo wir am tiefsten bei uns sind. Diese „Innenreisen" beschreibt er Schritt für Schritt. Dabei zeigt er auch, welche Gefahren auf diesem Weg lauern, was uns ablenken oder aufhalten und sogar zur Umkehr zwingen kann.

Oft wird uns auf diesen „Innenreisen" eine Einsicht geschenkt. Dann wissen wir auf einmal, was der nächst fällige Schritt in unserem Leben sein wird. Manchmal stehen wir aber auch vor einer Tür. Dann warten wir, bis sie sich öffnet, wie von selbst. Ein gesammeltes Schauen auf etwas Verborgenes, das uns an sich zieht, obwohl es sich zugleich vor uns verbirgt.

Ein Buch, das nährt und Kraft gibt.

Auch als Hörbuch erhältlich bei Hellinger Publications.

Natürliche Mystik
Wege spiritueller Erfahrung
199 Seiten, 2008.
ISBN 978-3-7831-3035-5. Kreuz Verlag

Mystische Erfahrungen sind etwas allgemein Menschliches, sie sind für uns alle möglich, so Bert Hellinger, wenn wir nur bereit sind, uns ihnen zu öffnen. In seiner „Natürlichen Mystik" lädt er uns ein, den Weg nach innen zu gehen. Einen Weg der ureigensten persönlichen Erfahrung, eine Innenreise mit ihren verschiedenen Stationen, mit tiefen Einsichten über unser Denken und Tun.

Wie können wir uns, auch im Alltag, in unserer Geistigkeit erfahren ? Was verlangt uns dieser Weg ab ? Ob wir dabei unserer tiefsten Angst begegnen, klar werden für uns und unsere Beziehungen, uns in Demut üben – der Weg nach dem letzten Erfahrbaren, wie Hellinger ihn hier beschreibt, ist mit einem tiefen Glück verbunden, dem Glück dort anzukommen, wohin es uns im Innersten zieht.

Auch als Hörbuch erhältlich bei Hellinger Publications.

Gedanken, die gelingen
163 Seiten. Großformat. 1. Auflage 2008.
ISBN 978-3-00-025383-6 ♦ Hellinger Publications

Gedanken gelingen im Einklang. Wenn sie im Einklang sind mit allem, wie es ist, sind sie im Einklang mit jenem Geist, der alles gedacht hat, wie es ist. Diese Gedanken machen uns weise. Das heißt: Im Einklang mit diesen Gedanken wissen wir, ob etwas geht, ob etwas hilft, ob sie etwas in Bewegung bringen, das uns gelingt.

Wie erkennen wir zutiefst, dass unsere Gedanken weise Gedanken sind? Wenn sie über uns hinausgehen und andere mitnehmen in eine Bewegung der Liebe für alles, wie es ist.

Dies ist ein besinnliches Buch, auch ein vorläufiges Buch. Denn die Weisheit ist unterwegs. Sie ist Liebe unterwegs.

Auch als Hörbuch erhältlich bei Hellinger Publications.

Das reine Bewusstsein
Wege der Liebe
111 Seiten. Großformat.1. Auflage 2009.
ISBN 978-3-00-025384-3 ♦ Hellinger Publications

Die Wege der Liebe sind rein, wenn sie aus einem reinen Bewusstsein kommen. Unser Bewusstsein ist rein, wenn es allem mit der gleichen Liebe zugewandt bleibt, ohne das eine einem anderen vorzuziehen oder es im Vergleich mit ihm abzulehnen.

Das reine Bewusstsein ist auf Handeln ausgerichtet, das dem Leben und der Liebe auf eine Weise dient, die alles, was ihnen entgegensteht, hinter sich lässt.

Die Kapitel dieses Buches sind auf dieses Handeln bezogen und beschreiben, was ihm dient. Das reine Bewusstsein ist eine Erfahrung von Fülle.

Auch als Hörbuch erhältlich bei Hellinger Publications.

Worte, die wirken
1. Band von A bis Z
Großformat, 508 S., Hardcover,
Hellinger Publication
ISBN 978-3-00-027896-9

Worte, die wirken ist ein Wörterbuch, jeder Band von A bis Z alphabetisch geordnet. Die einzelnen Worte sind Überschriften für einen Text, der diesem Wort auf den Grund geht, so dass sich seine tiefere Bedeutung und das Ausmaß seiner Bedeutungen Schritt für Schritt erschließen.

Es handelt sich also um ein phänomenologisches Wörterbuch. Das heißt, Bert Hellinger hat sich den einzelnen Worten ausgesetzt, bis sie ihm ihren Sitz im Leben offenbarten, ihren tiefen umfassenden Sinn. Sie erlauben uns eine andere, umfassende Wahrnehmung. Über alte Einschränkungen hinaus erlauben sie uns eine neue Freiheit des Denkens und Handelns. Sie erlauben uns die Freiheit, anders zu leben und, vor allem, auch anders zu lieben.

Worte, die wirken
2. Band von A bis Z
Großformat, 600 S., Hardcover, Hellinger
Publication
ISBN 978-3-00-027863-1

Die 1141 Worte dieses Wörterbuchs nehmen uns mit auf eine Entdeckungsreise, auch zu Abenteuern des Geistes. Vor allem aber zu einem tieferen Verständnis von uns selbst.

"Diese Texte sind wie Bilder: Aquarelle voller Durchsicht, Kunstwerke, vollendet gemalt, so dass kein Pinselstrich weggenommen und keiner hinzugefügt werden kann.

Als ich Bert Hellinger vor Jahren begegnete, glaubte ich in ihm einen Maler zu sehen. Das löste großes Vertrauen in mir aus. Jetzt sehe ich in den Texten die Bilder, die mich in der Seele berühren und in der Tiefe verwandeln." Regula Wyss

CDs

Alle diese CDs sind erhältlich bei: Video Verlag Bert Hellinger International, Postfach 2166, D-83462 Berchtesgaden.

Schuld und Unschuld in Beziehungen. Geschichten, die zu denken geben
2 CDs

Die Grenzen des Gewissens. Geschichten, die wenden
2 CDs

Ordnungen der Liebe. Geschichten vom Glück
3 CDs

Leib und Seele, Leben und Tod. Psychotherapie und Religion
2 CDs

Das Judentum in unserer Seele
1 CD

Ordnung und Krankheit
2 CDs

Die andere Liebe – Was über uns hinausführt
1 CD

Die Bewegungen der Seele
1 CD

Organisationsberatung u. Organisationsaufstellungen
1 CD

Anerkennen, was ist
2 CD

Innenreisen
10 CD

Natürliche Mystik
7 CD

*Gottesgedanken.
Ihre Wurzeln und
ihre Wirkungen*
6 CD
*Über das Internet als
Download erhältlich unter
www.Hellinger-Shop.com*

Gedanken, die gelingen
8 CD.
*Über das Internet als
Download erhältlich unter
www.Hellinger-Shop.com*

Wege der Liebe
6 CD
*Über das Internet als
Download erhältlich unter
www.Hellinger-Shop.com*

Rilkes Deutung des Daseins in den Sonetten an Orpheus, einführt und vorgetragen von Bert Hellinger
Teil 1: 4 CDs.
Teil 2: 4 CDs.
*Über das Internet als
Download erhältlich unter
www.Hellinger-Shop.com*

Adressen

Online Shop
www.Hellinger-Shop.com

Homepage / Email
www.Hellinger.com
info@hellingerschule.com

Biographie

Bert Hellinger

geboren 1925, hat Philosophie, Theologie und Pädagogik studiert und arbeitete 16 Jahre lang al Mitglied eines katholischen Missionsordens bei den Zulus in Südafrika. Danach wurde er Psychoanalytiker und entwickelte unter dem Einfluss der Gruppendynamik, der Primärtherapie, der Transaktionsanalyse und verschiedener hypnotherapeutischer Verfahren die ihm eigene Form des Familien-Stellens, das heute weltweit Beachtung findet und in vielen Bereichen angewendet wird. Zum Beispiel in der Psychotherapie, der Unternehmensberatung, der Medizin, der Lebens- und Erziehungsberatung und der Seelsorge im weitesten Sinn.

Bert Hellinger hat über 50 Bücher geschrieben. Sie wurde in 22 Sprachen übersetzt, darunter Arabisch, Mongolisch, Chinesisch. Viele seiner Bücher aus der jüngsten Zeit erweisen ihn als Philosophen und Weisheitslehrer eigener Prägung, der unmittelbar zur Seele spricht und ihre Tiefen ohne Umwege anrührt. Zum Beispiel in seinem zweibändigen Werk Worte, die wirken.

Printed in Germany
by Amazon Distribution
GmbH, Leipzig